MAGIE ET PROTECTION DU FOYER

Lucie Pouget

Édition : Pauline Ferlay

Préparation de copie : Adèle Jacquet

Relecture : Émilie Marquet

Mise en pages : Meriem Rezgui

Fabrication : Anne-Laure Soyez

Couverture : Istock © Natalia Misintseva

Dépôt légal : février 2024
ISBN : 978-2-01-724162-1
11-2937-0
Achevé d'imprimer en Espagne en février 2024.

PAPIER À BASE DE FIBRES CERTIFIÉES

hachette s'engage pour l'environnement en réduisant l'empreinte carbone de ses livres. Celle de cet exemplaire est de :
1, 4kg éq. CO_2
Rendez-vous sur www.hachette-durable.fr

Nous utilisons des papiers composés de fibres naturelles, renouvelables, recyclables et fabriqués à partir de bois issus de forêts adoptant un système d'aménagement durable. En outre, nous travaillons avec des fournisseurs de papier qui s'inscrivent dans une démarche de certification environnementale reconnue.

Cette publication n'est pas destinée à fournir ou à remplacer des conseils, des traitements ou des diagnostics médicaux conventionnels, ni à se substituer à la consultation d'un médecin ou d'un autre professionnel de la santé agréé.

MAGIE ET PROTECTION DU FOYER

Lucie Pouget

« Mu ruoktu lea mu váimmus,
ja dat johtá mu mielde[1].»

Nils-Aslak Valkeapää

1. Nils-Aslak Valkeapää, *Ma demeure est dans mon cœur, elle est nomade comme moi*. Écrivain, poète et musicien finlandais de culture same, Nils-Aslak est né en 1943 et mort en 2001.

À ceux qui sont de l'autre côté, aux invisibles alliés,

À mes familles de sang et de cœur, d'ici et d'ailleurs,

Aux lieux qui m'ont fait grandir et me sentir à la maison,

À nos foyers, à leur soutien dans notre évolution,

À nous, à tout ce qui nous permet de cheminer vers notre essence.

Home is where the heart is.

SOMMAIRE

Cultiver la magie et l'harmonie au quotidien

Célébrer la vie au foyer

Principe d'éternité

INTRODUCTION

Vous découvrirez dans cet ouvrage comment faire de votre foyer un espace sacré empreint de sérénité et de Lumière, vibrant positivement pour chaque habitant. Vous apprendrez à le nettoyer, à le purifier, à votre mesure, et à équilibrer chaque pièce pour que les énergies circulent au mieux. En pratiquant la magie au quotidien, vous inviterez l'harmonie au cœur de votre lieu de vie. Des exercices, rituels, méditations et recettes ponctueront les chapitres afin que vous expérimentiez cette puissance créatrice qui est la vôtre : la force de vie.

Comme il est important de nourrir vos ressources, vous découvrirez comment apporter votre attention et votre qualité de présence à ce qui vous entoure. Des outils d'horizons et de cultures variées élargiront vos points de vue, pour que chacun trouve les clefs qui lui correspondent. Et parce que le mouvement est permanent, cet ouvrage vous invite à poser un regard observateur en vous et sur votre environnement, pour avancer chaque jour pas à pas vers ce qui est bénéfique pour vous.

Au cours de la lecture, prenez ce qui vibre pour vous, avec discernement et esprit critique. Il se peut qu'une information ne vous parle pas aujourd'hui, mais qu'elle soit une évidence demain ou le mois prochain. Vous pouvez revenir aux différents chapitres en fonction de vos envies et besoins, sans vous attacher à l'ordre du sommaire. Ce livre est conçu pour que vous trouviez les renseignements adaptés à votre recherche le plus simplement et efficacement possible.

De la même manière, sentez-vous libre d'ajuster les exercices en fonction de ce qui est le plus juste pour vous. Si un mot vous semble plus approprié qu'un autre, remplacez-le en vous assurant qu'il vibre positivement et en ayant la conviction, la certitude qu'il a une portée identique à ceux présents dans les prières, rituels ou méditations que je vous propose.

Je vous invite à écouter votre intuition, vos impressions et les ressentis physiques que votre corps vous rapporte. Si un exercice vous procure des sensations désagréables, c'est que ce n'est pas le moment propice pour le réaliser ou qu'il ne vous correspond pas, vous trouverez des clefs plus adaptées à votre situation au fil des pages ou par un biais différent (ouvrage complémentaire, avis d'un professionnel...).

Gardez à l'esprit l'importance de rester humble vis-à-vis de tout ce qui existe : la magie, l'invisible, le visible. Nous évoluons à notre échelle humaine et nous nous inscrivons dans un tableau bien plus vaste dont nous n'avons pas toute la vision. Si vous ne vous sentez pas de faire tel ou tel nettoyage, faites appel à une personne qui possède ces compétences. Cette règle de sécurité vaut pour tout : si j'ignore comment réparer le moteur de ma voiture, je l'amène chez le garagiste ou un mécanicien. Si je ne suis pas en mesure de mettre en place telle ou telle action, je contacte un géobiologue, un énergéticien, ou tout thérapeute en qui j'ai confiance et qui m'apportera son aide et son expertise. Reconnaître ne pas savoir faire ou ne pas se sentir capable n'est pas un aveu de faiblesse, mais de courage, de lucidité et de sagesse.

Chacun et chacune de vous est unique, tout comme votre royaume. Le cheminement à travers ces lignes est donc individuel et vous conduira à développer ou approfondir votre sensibilité, pour votre bien-être le plus élevé, celui de votre foyer et de ceux qui y demeurent à vos côtés.

Nourrissez votre vie d'un émerveillement constant, faites infuser la prospérité dans chaque recoin de votre existence enchantée et permettez à l'amour et à la joie de guider vos pas au quotidien !

Bonne lecture et rappelez-vous que la Lumière est en vous, qu'elle soit sous la forme d'une étincelle ou de flammes ardentes.

1 Mon foyer

UN ESPACE SACRÉ

« Si l'on interroge les Hommes en posant bien les questions, ils découvrent d'eux-mêmes la vérité sur chaque chose.»

Platon

Ce livre est entre vos mains pour vous guider, vous accompagner. Qu'il insuffle des réflexions nouvelles ou questionne vos habitudes, qu'il inspire un déménagement ou vous invite à occuper plus harmonieusement votre lieu de vie, son objectif est de vous délivrer des clefs pour faire de votre foyer un espace de bien-être où vous vous sentez à votre place, à votre mesure, centré et incarné, présent à vous-même. Un royaume digne du meilleur, de respect, de joie et d'amour sous toutes ses formes. La vie est sacrée, précieuse. Je vous souhaite un foyer favorable à son expansion.

Dis-moi quel est ton foyer, je te dirai qui tu es

Les visages de l'habitat

Domicile, logement, maison, habitation, demeure, autant de déclinaisons existantes pour nommer un lieu de vie. Et pourtant, seul le mot « foyer » renvoie à cette douce image du feu dans l'âtre, que les anciens entretenaient et autour duquel ils se regroupaient pour partager les moments clefs du quotidien. Ce feu sacré qu'il ne fallait pas laisser s'éteindre, dont il était primordial de prendre soin, qui apportait la chaleur, permettait de cuisiner, de nourrir les veillées et les célébrations.

Plus qu'une maison qui abrite et subvient aux besoins primaires, le foyer réunit, rassemble et suggère également une idée de connexion avec le lieu, avec soi-même et les habitants, une sensation de profondeur, de grandeur d'interactions. Pour certains, il est le cocon qui protège la famille, pour d'autres le lieu-ressource, condition *sine qua non* à l'épanouissement.

Que vous soyez sédentaire ou nomade, que vous viviez dans un quartier résidentiel, dans un appartement en ville ou à la campagne, dans une maison individuelle ou mitoyenne, en habitat léger, le foyer peut avoir mille visages. La définition qui importe est celle qui est signifiante pour vous. Que représente-t-il pour vous ? Est-il plutôt un lieu clos qui vous garantit repos et tranquillité, un lieu de passage et de partage ? Vous apporte-t-il de la sécurité, du confort ?

Parfois, même en ayant un chez-soi, nous nous sentons mieux chez les autres, nous rechignons à rentrer au domicile, nous jouons les prolongations. À quoi est-ce dû ? Quelle est la différence entre leur foyer et le vôtre ? Cela tient-il à la décoration, à l'atmosphère, à la présence d'êtres chers, à un espace agencé selon vos goûts ?

Au cœur du foyer

Le lieu

Pas de foyer sans lieu pour l'établir ! Qu'il soit mobile comme un véhicule aménagé ou ancré comme une maison, le lieu fait partie intégrante de votre foyer, car il en conditionne l'existence. Quel est ce lieu pour vous ? L'avez-vous acquis ? Loué ? Dans quelles conditions vous êtes-vous rencontrés ? Comment est-il venu à vous ou êtes-vous parvenu jusqu'à lui ? Quelle était votre première impression ? Peut-être n'avez-vous jamais réfléchi à ces questions surprenantes, pourtant le lien qui existe entre vous et cet espace mérite toute votre attention. L'énergie ne sera pas la même si vous êtes arrivé là dans l'urgence ou si vous avez découvert ce site au gré d'une agréable promenade, et comme entre êtres humains, la relation peut se transformer.

Le lieu inclut également l'intérieur et l'extérieur du foyer, les abris et dépendances. Comment sont-ils aménagés ? Le jardin est-il adjacent à la maison ou quelques rues plus loin ? Les différentes parties ont-elles été construites en même temps ? Quelle est l'histoire de l'immeuble ?

Le nom de la rue ? Nous verrons plus tard qu'interroger un lieu permet de mieux le comprendre, pour mieux vous comprendre, et évoluer dans les meilleures conditions.

Les habitants

Pas de foyer sans habitants ! Que vous viviez seul ou en famille, avec ou sans enfants, votre foyer vit parce que vous êtes là pour le faire vivre, il ne peut exister sous cette forme sans vous, comme le feu dans l'âtre ne peut brûler si personne ne l'alimente. Si vous n'emménagez pas et n'évoluez pas dans les murs, le lieu reste un logement pouvant accueillir d'autres habitants. C'est votre présence au quotidien qui fait la différence. Les animaux et les plantes, organismes souvent présents à nos côtés, constituent des règnes riches de ressources, tant par leur réalité que par les indices qu'ils donnent sur la santé de notre environnement et sur notre propre état, intérieur et extérieur. Il peut arriver que vous détectiez chez vous des présences invisibles, des âmes en recherche de lumière, des êtres de la nature (ou élémentaux), ou des esprits gardiens de lieux. À leur manière, certains sont aussi des habitants à part entière.

Au fil de la lecture, vous observerez à quel point le lieu peut entrer en résonance avec la personne que vous êtes ou encore influencer le comportement de vos animaux. Vous découvrirez combien votre magie peut l'harmoniser, l'enrichir et le nourrir.

Famille(s)

De qui votre famille se compose-t-elle ? Quelles sont ses forces ? Qu'est-ce qui vous unit et vous réunit ? Définie comme un ensemble de personnes vivant sous le même toit, reliées par un lien de parenté, la famille apporte l'amour et le soutien indispensable au développement de l'être et à son équilibre. Aujourd'hui, elle s'élargit de la famille de sang à la famille de cœur, où les liens invisibles bien présents sont riches de cet amour.

Questionnaire pour le lecteur

✦ Pour vous, que représente un foyer ?

....

....

....

✦ Quelles sont les caractéristiques qui font de votre foyer un espace sacré ?

#1 ....

#2 ....

#3 ....

✦ Y a-t-il certaines pièces que vous gardez fermées et où vous n'ouvrez jamais les volets ?

....

....

....

....

✦ Où aimez-vous vous relaxer ?

....

....

....

....

✦ Vous réjouissez-vous de passer du temps chez vous ?

....

....

....

✦ Depuis quand n'avez-vous pas repensé la décoration ?

....

....

....

....

✦ L'harmonie au sein de votre famille et des relations varie-t-elle en fonction du temps passé dans le foyer ?

....

....

....

✦ Comment qualifieriez-vous le sommeil de chaque habitant ?

....

....

....

✦ Comment se comportent vos animaux à l'intérieur et à l'extérieur ? Sont-ils en bonne santé ? Ont-ils des problèmes de peau ?

✦ Recevez-vous des invités ou sortez-vous la plupart du temps rencontrer vos relations sociales dans un autre cadre ?

✦ Ressentez-vous l'envie de faire des projets ? Les réalisez-vous ?

✦ Écoutez-vous de la musique chez vous ou préférez-vous le silence ?

✦ Quelles sont les faiblesses de votre foyer ?

#1

#2

#3

✦ Comment décririez-vous votre patience au sein de votre maison ?

✦ Qu'est-ce qui rend cet endroit spécial ?

✦ Si des disputes éclatent, où se produisent-elles ? Est-ce souvent au même endroit et à un moment précis ?

✦ Quand vous fermez les yeux et pensez à votre chez-vous, quelle partie de votre corps sentez-vous le plus ? Est-ce agréable ou désagréable ?

Il n'y a pas de bonnes ou de mauvaises réponses. Il s'agit simplement d'être observateur, de manière neutre, de voir comment chaque élément résonne en vous. Porter le regard sur votre foyer implique de le poser sur vous, et réciproquement. C'est cheminer vers vous, avec justesse, en respectant vos propres rythmes, à l'écoute de chacun, pour partager, cultiver l'amour et la joie au quotidien, pour créer un lieu propice à l'abondance, au développement et à la réussite de vos projets, un équilibre inébranlable qui permet de garder le cap quand les épreuves complexifient la vie. Ces questions sont là pour vous faire cheminer. Prenez un temps pour vous consacrer à cette réflexion, notez vos réponses et pensées dans votre carnet, cela vous permettra d'y revenir, d'observer l'évolution et les points à approfondir.

Mon premier foyer : mon corps

Cultiver son feu intérieur

Pour prendre soin de son lieu de vie, il est bien de savoir prendre soin de soi et d'avoir conscience de soi. Notre corps est le premier espace que nous habitons, c'est par lui que passent nos actions, la réalisation et la concrétisation de nos projets, c'est grâce à lui que chaque jour nous pouvons vivre, tout simplement. Ce véhicule terrestre nous offre la possibilité d'expérimenter une infinité de choses au quotidien. Plus nous sommes à son écoute pour entendre les messages qu'il nous délivre, plus nous saurons répondre à nos besoins, à nos nécessités et avancer sur notre chemin, évoluer et faire grandir nos aspirations, en adéquation avec qui nous sommes. Cette prise en compte et en considération de notre corps est parfois complexe, inconfortable, voire douloureuse, elle dépend de ce que nous avons vécu, des épreuves traversées, des ressources et de la résilience de chacun. Le périple pour être en paix avec son corps peut être long et épuisant. Et chaque pas, même tout petit, est un pas vers l'amour et le respect de soi, essentiel pour trouver et garder l'équilibre.

Prenez un temps pour faire le point sur votre relation à votre corps.

Comment le sentez-vous ? Y a-t-il des zones que vous ne percevez pas ? Quelles sensations vous habitent ? Si vous deviez localiser votre joie, où souhaiteriez-vous la ressentir ? Prenez plusieurs profondes respirations en la faisant grandir en vous.

De quelle partie prenez-vous le plus soin ? En revanche, laquelle mérite plus d'attention de votre part ? Pour quelles raisons ? Quel regard portez-vous sur vos contours ? Que pourriez-vous apporter de plus à votre corps ?

S'ancrer en soi avant de s'ancrer dans un espace extérieur est fondamental. Pour être pleinement présent à soi-même, différentes activités sont d'une grande aide : respiration, étirements, relaxation, méditation, repos, bain, chant, danse, sport, massage, balade en nature... Tout ce qui vous ramène à l'instant présent ou remet du mouvement dans votre corps offre un bon ancrage.

Cultiver son feu intérieur revient à se demander :
qu'est-ce qui me procure la sensation d'être vivant ? Qu'est-ce qui me fait vibrer au quotidien et m'apporte de la joie ? Quelle relation illumine ma journée ? Quelle action mettez-vous en place pour être heureux ?

Chaque jour, réalisez un acte qui alimente votre feu ou le ravive, que ce soit masser votre corps pendant dix minutes, danser sur votre chanson préférée ou appeler une personne qui vous est chère. Comme pour le foyer d'une maison, il est nécessaire d'entretenir la flamme, retirer les cendres, nettoyer l'âtre, couper et ramasser le bois, le stocker pour nourrir ensuite le feu ; il en est de même pour votre corps. Plus vous serez à l'écoute, plus votre compréhension s'élargira à tous les niveaux. Vous l'aurez compris, vous pourrez faire appel à un géobiologue pour réharmoniser votre maison ou lever des blocages, si vous ne prenez pas soin de vous, négligez votre alimentation, vous ne serez pas au mieux de votre forme dans votre lieu de vie. Le premier travail commence par le travail sur soi, avec votre corps et votre entièreté.

Body scan

Je vous invite à sentir votre corps, au rythme de la lecture, en enregistrant ce texte au préalable ou en demandant à un proche de vous le lire.

1 Exercez de légères pressions avec la paume de la main sur vos contours, sur toute la surface de votre peau, à votre rythme, en ralentissant vos gestes au maximum, avec beaucoup de douceur et de bienveillance pour votre corps.

2 D'abord le côté gauche : le pied, la plante du pied, les orteils, l'espace entre les orteils, le talon, le tendon d'Achille, le dessus du pied, la cheville, puis le tibia, le mollet, le genou et l'arrière du genou, la cuisse gauche, l'intérieur, le dessous et le dessus, le côté, le pli de l'aine, la hanche, le bassin, toute la jambe gauche, puis les doigts de la main gauche, la pulpe des doigts, les ongles, les phalanges, la paume de la main et le dessus de la main, le poignet, l'avant-bras, le coude et le pli du coude, la partie haute du bras, le biceps et le triceps, l'épaule et l'aisselle gauche, les côtes, l'espace entre les côtes, tout le côté gauche.

3 Puis le côté droit : le pied, la plante du pied, les orteils, l'espace entre les orteils, le talon, le tendon d'Achille, le dessus du pied, la cheville, puis le tibia, le mollet, le genou et l'arrière du genou, la cuisse droite, l'intérieur, le dessous et le dessus, le côté, le pli de l'aine, la hanche, le bassin, toute la jambe droite. Puis les doigts de la main droite, la pulpe des doigts, les ongles, les phalanges, la paume de la main et le dessus de la main, le poignet, l'avant-bras, le coude et le pli du coude, la partie haute du bras, le biceps et le triceps, l'épaule et l'aisselle droite, les côtes, l'espace entre les côtes, tout le côté droit.

4 Sentez votre bassin, le petit bassin, le nombril, le ventre, le plexus, la poitrine, l'espace entre les clavicules, tout le torse et le devant du buste, puis l'arrière du corps, vos lombaires, votre colonne vertébrale, toutes les vertèbres et l'espace entre chacune d'elles, le haut de votre dos, tout le dos.

5 Puis la tête, le cou, le menton, le creux sous la bouche, la mâchoire, et la langue qui repose dans la bouche, les gencives et les dents, les joues et le nez, les arêtes du nez, les deux yeux et l'espace entre les deux yeux, les paupières, les tempes et les sourcils, le front, tout le devant de la tête, les oreilles, la gauche et la droite, la nuque, l'arrière de votre crâne, le sommet de votre crâne, tout votre corps, des pieds à la tête.

6 Ressentez tout votre corps, et le poids de celui-ci, sa densité. Prenez conscience de tout l'espace à l'intérieur, de tous les pleins et de tous les vides entre les pleins. Appréhendez tout cet espace disponible avec confiance et sérénité, remerciez votre corps. Puis, à votre rythme, prenez une profonde inspiration, une profonde expiration et ramenez du mouvement dans vos pieds, vos mains, vos jambes et vos bras, dans tout votre corps, clignez des yeux et ouvrez-les quand vous le sentez. Vous êtes bien présent à vous-même, gardez cette qualité de présence tout au long de votre journée.

Votre corps comme un pendule

Au cours de la lecture, vous pourrez questionner votre corps pour obtenir des réponses claires et précises, en utilisant la convention oui/non comme vous le feriez avec un pendule. Les clefs de compréhension ne sont généralement pas à l'extérieur de vous, mais en vous. Et votre corps ne ment pas. Alors, autant l'interroger directement et profiter de cette capacité tout au long du livre. Pour établir votre convention, choisissez un endroit calme où vous ne serez pas dérangé. Les bras le long du corps, les pieds nus joints, respirez profondément et focalisez votre attention sur vos ressentis, gardez l'esprit disponible, sentez juste les sensations de votre corps. Puis dites-lui « Mon corps, donne-moi un "oui" », ce dernier va avoir une réaction et bouger.

Souvent, il se penche vers l'avant. Dites « Merci, stop ». Puis, dites-lui « Mon corps, donne-moi un "non" ». Une nouvelle fois, il aura un mouvement particulier. « Merci, stop ». Vous avez maintenant établi votre « oui » et votre « non ». Posez toujours des questions fermées et à la forme affirmative. Vous pourrez avoir des réponses à vos interrogations comme « Cela est-il bénéfique pour moi d'emménager dans ce lieu ? », « Mon foyer a-t-il besoin d'un nettoyage énergétique ? ».

Être maître en son temple

Habiter son corps, être présent à soi, dans le silence intérieur et la sérénité, permet de prendre des décisions qui vous sont favorables, d'avoir une certaine lucidité et clarté d'esprit. Comme si, dans le tumulte des courants, vous saviez quelle voie emprunter avec détermination, parce que votre boussole interne vous guide vers le meilleur, quoi qu'il advienne.

Personne n'est mieux placé que vous pour savoir ce qui est bénéfique pour vous. Quel que soit le domaine de votre vie, si vous recevez un conseil extérieur (d'autant plus si vous ne l'avez pas sollicité) qui ne sonne pas juste à votre oreille ou qui provoque une tension dans votre corps, même s'il vient d'un professionnel, d'une personne expérimentée, écoutez-vous et suivez votre intuition. Gardez votre liberté de choix, de décision et votre esprit critique éveillé. En un mot :

Prenez ou reprenez votre souveraineté.

Vous avez la capacité et le pouvoir de déterminer votre direction, comme un capitaine à bord de son navire, sans déléguer à d'autres les résolutions importantes vous concernant. Il lui appartient de connaître les cartes, d'explorer, de découvrir de nouveaux territoires, de changer de trajectoire si le vent tourne ou s'il souhaite essayer un autre itinéraire. Il peut demander conseil, écouter les suggestions, mais la décision qui précède l'action est sienne. Lorsqu'il la prend seul, libre de toute pression, de tout poids extérieur, il est plus solide pour l'assumer pleinement et se sentir responsable. L'homme a tous les pouvoirs sur son existence, il est libre de créer une vie qui lui ressemble. Bien sûr, de chaque choix découlent des conséquences, plus ou moins confortables, qui impliquent une personne ou plusieurs, et là aussi, il est de la responsabilité de chacun d'en prendre la mesure. Si vous en ressentez le besoin, l'appel, libérez-vous de l'influence du monde extérieur si vous la jugez défavorable, que ce soit de votre éducation, des égrégores, des peurs ou de vos propres croyances limitantes, vous incarnerez ainsi votre pouvoir personnel. Si vous ne vous sentez pas libre de vos choix, alors examinez ce qui bloque et réaffirmez votre souveraineté. Gardez à l'esprit que les autres sont aussi souverains en leur royaume. Je ne dis pas que tout cela est facile, mais réalisable, chacun à sa mesure.

Méditation pour retrouver son pouvoir intérieur

Voici un exercice pour expérimenter votre centre, votre pouvoir et votre souveraineté. Il est possible d'affirmer votre puissance tout en douceur, en reconnaissant simplement vos limites, en les respectant et les faisant respecter. Vous pouvez suivre cette méditation autant de fois que nécessaire.

1 Prenez un temps pour vous installer confortablement. Grâce à vos profondes inspirations et expirations, votre respiration se fait plus ample, plus vaste.

2 Posez votre conscience sur les contours de votre corps, sur toute la surface de votre peau, visualisez-la comme scintillant d'une douce lumière dorée, légèrement irisée peut-être. Sentez les contours du bas de votre corps, du haut de votre corps, du devant et de l'arrière du corps, de la pointe des pieds jusqu'au sommet du crâne.

3 Une fois que vos contours sont bien présents, bien définis, portez votre attention sur le centre de votre corps, sentez l'endroit où ce centre est situé, sentez votre cœur. Il rayonne et sa lumière rejoint les contours brillants de votre peau, tissant un maillage dans toute votre structure, tous vos tissus, remplissant tous les espaces vides, transmutant toutes les cellules qui ont besoin de retrouver leur éclat et leur pureté.

4 Je vous invite maintenant à visualiser un endroit que vous aimez, réel ou imaginaire. Visualisez-vous dans ce lieu, c'est votre cocon, là où vous êtes en sécurité, et où vous pouvez vous déposez en toute confiance, ce refuge est votre refuge. Observez ce qui se passe autour de vous, votre environnement, les sons, les couleurs et les formes, toutes les sensations. Vous êtes bien installé dans ce lieu, il est pour vous comme un lieu-pilier, un lieu-ressource, un lieu où être pleinement vous-même, simplement, sans forcer, avec fluidité, dans toute votre grandeur. Puis, de lointaines vibrations sonores parviennent à vos oreilles, tout doucement,

comme teintées d'une couleur familière. Vous entendez ces vibrations de plus en plus proches, présentes sans être insistantes, et votre intuition vous dit que vous les connaissez. Peut-être ont-elles une forme spécifique. Vous les reconnaissez, car ces vibrations sont les vôtres, elles se sont éparpillées à l'extérieur de vos corps quand, à l'occasion, vous avez remis votre pouvoir dans les mains d'une personne extérieure, ou peut-être quand quelqu'un a pris une décision à votre place. Elles sont comme des parts qui se manifestent à vous aujourd'hui, qui ne demandent qu'à être réintégrées, pour votre bien le plus élevé, si vous êtes prêt. Si c'est le cas, vous pouvez les rappeler, leur demander par la pensée de réintégrer vos corps énergétiques, tout votre être, nettoyées et purifiées des expériences passées, de toutes mémoires négatives et résonances. Je reprends tout ce qui m'appartient, ici et maintenant, j'affirme ma souveraineté, je suis souverain en mon royaume et je suis le seul à savoir ce qui est bénéfique pour moi. Voyez ces vibrations, ces parts de vous, regagner votre centre. Peut-être que toutes sont prêtes à le faire, à votre rythme, peut-être que certaines ont besoin de plus de temps, sans forcer, laissez faire ce qu'il y a de mieux pour votre être. Vous sentez que votre énergie augmente, comme si vous étiez plus complet, plus riche et plus dense. L'énergie de liberté, de souveraineté vibre et pulse dans tout votre corps, dans vos pieds, vos jambes, votre ventre, vos bras, votre gorge et votre tête, elle parcourt tout votre organisme. Cette énergie de vie circule en vous, propageant dans un même élan votre vitalité dans chacune de vos cellules. Sentez la clarté qui s'installe dans votre crâne, entre vos deux yeux, et entre votre front et votre nuque. Sentez vos mains, symboles d'action, d'interaction, puissantes d'un pouvoir de réalisation, de concrétisation, sentez vos jambes, solides et ancrées, soutenantes, prêtes à vous mener dans la direction que vous choisissez. Petit à petit, en reprenant contact avec votre corps, gardez cette qualité de présence à vous-même, à votre intégralité, à votre intégrité, et ramenez du mouvement dans votre corps, infusé de cette énergie nouvelle.

5 Puis, à votre rythme, vous pourrez ouvrir les yeux et reprendre le cours de votre journée.

Le phénomène de résonance

Appartenant à un grand tout, que nous l'appelions l'Univers, la Source, « tout être vivant ne peut se comporter qu'en récepteur ou émetteur d'une gamme de fréquences avec laquelle il entre en résonance[1] », que ce soit du domaine du visible ou de l'invisible. Ce qui se passe en vous se reflète, se diffuse, à l'extérieur par vos vibrations, vos fréquences. Autrement dit, les ondes qui émanent de vous, que vous émettez, vos paroles, vos pensées, se propagent et entrent en résonance avec les ondes de votre foyer, de vos proches, de votre environnement. C'est pour cette raison que prendre soin de vous est primordial, cela conditionne ce qui va prendre forme au-dehors de votre corps. Par exemple, si vous traversez une période compliquée, il se peut que votre lieu de vie reflète cet état, que ce soit par un désordre ambiant ou au contraire une propreté et un rangement excessif. Il vous renvoie tel un miroir une image de ce que vous pouvez expérimenter. De la même manière, comme tout est intriqué et en résonance, prendre soin de votre foyer a une influence sur votre personne.

Observez où vous en êtes dans les travaux de votre maison, dans la décoration ou dans ce que vous faites dans votre logement et vous aurez une idée de ce qui se joue en ce moment pour vous. Vous refaites les ouvertures en remplaçant les fenêtres et les portes ? Êtes-vous en train de vous ouvrir à un nouveau chapitre de votre vie ou avez-vous besoin de changer d'air ? Vous refaites l'électricité ? Ces nouveaux câblages vont probablement permettre une meilleure circulation d'énergie dans votre quotidien. La magie se retrouve dans ces connexions riches de sens.

1. Dr Jacqueline Bousquet, Doctoresse ès science, biologie, biophysique, chercheuse au CNRS (1962-1997).

Mon lieu de vie, miroir de mon être intérieur

Bagages, attentes et projections

Imaginez que vous reveniez de vacances, la valise remplie de cadeaux-souvenirs et de photos.

Avez-vous envie de les exposer dans votre salon dès votre retour ?

De les ranger dans une jolie boîte dans votre chambre ?

De regarder d'abord tous les clichés pris sur votre téléphone avant de décider d'imprimer les plus réussis ?

Cette réflexion se transpose à l'arrivée dans un nouveau lieu. Quand nous emménageons, nous déposons nos bagages, physiques ou subtils, et nous avons le pouvoir de choisir ce que nous gardons et ce dont nous nous délestons.

Même si vous avez effectué du tri avant de remplir vos cartons, réitérer l'opération quand vous arrivez est judicieux. Le trajet parcouru, les rencontres, les expériences, chaque événement peut avoir fait évoluer ce dont vous avez envie et ce qui vous correspond. Que ce que vous véhiculez soit palpable, comme des vêtements, ou encore émotionnel, karmique, mémoriel, prenez le temps de déterminer ce que vous souhaitez conserver à vos côtés et ce dont vous ne voulez plus. Vous pouvez dire adieu à une colère trop longtemps présente, à une attente dépassée. Une intention suffit ! Et lorsque nous arrivons les mains vides, que ce soit après une rupture, un incendie, nous transportons aussi des sacs à dos invisibles, parfois bien remplis par les expériences de vie. Trier avec l'aide d'un ami ou seul avec une feuille de papier et un crayon, toutes les occasions sont bonnes pour faire le point et dessiner un nouvel avenir, riche et adapté à la personne que vous êtes aujourd'hui.

Si les bagages ramènent au passé, les attentes quant à elles sont en lien avec le futur. Espoir, prévision, élément dont la venue est souhaitée, elles peuvent prendre différents visages et être d'intensité variable. Les combiner avec une action de votre part contribue à vous mettre sur le chemin de ce à quoi vous aspirez, à insuffler un mouvement. Diminuer l'importance d'une expectative est une autre solution pour qu'elle se manifeste d'une manière plus adaptée, sans tension inutile. Par exemple, si vous attendez trop d'une personne, elle peut ressentir une forme de pression, qui s'exprimera en fonction de son caractère par une volonté de (trop) bien faire ou par un sentiment de ne pas pouvoir être à la hauteur. Il en est de même avec votre foyer. Ne faites pas reposer des attentes inadéquates sur ses épaules. Vous espérez de lui qu'il vous réconforte ? Voyez si vous vous apportez déjà ce soin avant de le chercher à l'extérieur.

Les projections, autre forme de représentation mentale, sont directement projetées à l'extérieur de nous, sur un objet ou un individu. Elles induisent un mouvement du dedans vers le dehors, là où les attentes figurent un état passif d'expectative. La projection peut figer les choses, car elle se fonde souvent sur une vision déformée, non complète de la réalité, parfois erronée, par manque d'information ou par peur. Que projetez-vous sur votre cocon et votre installation ? Avez-vous tous les éléments en main pour préjuger et supposer de telle ou telle chose ?

Voici un exemple imaginaire : j'ai eu de vives altercations avec mes précédents voisins dans mon ancien foyer. Sur mon nouveau lieu de vie, les voisins sont très proches de ma maison. Je me dis que nos relations vont sûrement dégénérer d'une manière similaire, et me voilà stressé à l'idée que cela arrive. Je projette mes peurs sur une situation qui n'est pas la même que celle que j'ai connue par le passé. Ce n'est ni réaliste ni constructif. Interroger ses projections invite à regarder ce qui circule en soi, à identifier nos peurs et nos besoins, pour avoir une vision globale, riche, qui offre la possibilité d'envisager l'avenir avec confiance et sérénité. Car s'installer, c'est aussi donner naissance à des projets, que ce soit à court ou long terme, et les imaginer dans le futur, en leur donnant une représentation par la pensée, avant qu'ils ne prennent forme dans la matière.

Examinez vos bagages

Avec quoi arrivez-vous dans votre foyer ? Que transportez-vous dans vos valises ? Qu'est-ce qui prend le plus de place ? Que voulez-vous garder avec vous dans ce lieu ? Avec quelles émotions emménagez-vous ? Avez-vous laissé quelque chose derrière vous que vous aimeriez sentir à vos côtés maintenant ? Auriez-vous mis dans les bagages d'une autre personne quelque chose qui vous appartient ? Si c'est le cas, que ce soit par le physique ou en pensée, vous pouvez le récupérer, et le réintégrer à vos affaires, et réciproquement !

Identifiez vos attentes

Qu'attendez-vous de votre lieu de vie ? Vos attentes sont-elles fondées, justes et toujours d'actualité ? Est-ce le rôle de votre foyer d'y répondre ? Sont-elles les vôtres ou celles de votre entourage ? Quelles sont celles des autres habitants ?

Dates clefs

Il peut être amusant de noter les dates qui ont marqué votre existence : au cours de quel mois, autour de quelle période avez-vous déménagé dans votre vie ? À quel moment avez-vous senti que vous franchissiez un cap ou une strate d'évolution ? En général, un calendrier se dessine où chaque catégorie d'événements (voyage, déménagement, emménagement) se produit à la même époque. Si vous cherchez un logement, que vous êtes habitués à ce que cela se manifeste généralement au printemps, alors il y a des chances que cela se répète. Chacun a ses propres cycles, ses périodes spécifiques propices pour mettre en place de nouvelles choses, que cela dépende de notre caractère, de ce que nous sommes ou de notre thème astral.

Bagages hérités

S'interroger sur la façon de vivre de nos ancêtres apporte un éclairage nouveau, souvent guérisseur. Ont-ils beaucoup déménagé ? Étaient-ils heureux dans leur foyer ? A-t-il été simple pour eux d'emprunter ? De construire ? De trouver un logement ? Où les réunions de famille avaient-elles lieu ? Si plusieurs générations cohabitaient, comment se passait la vie ? Ont-ils été obligés de déménager pour des motifs professionnels ? À quel âge les enfants ont-ils quitté leur domicile et pour quelles raisons ? Lors d'une séance de constellation familiale, j'ai rencontré une femme qui n'arrivait pas à se sentir vivante. Elle souhaitait trouver sa place, dans les différents domaines de sa vie. Au fil de la séance, il a été mis en lumière que ses grands-parents avaient fui l'Espagne sous Franco, en abandonnant derrière eux leur propriété, leurs amis, des pans entiers de leur vie. Quitter un territoire, un domicile ou un pays est parfois traumatisant. Celui-ci se retrouvait dans le quotidien de la cliente. Une fois la constellation terminée, les nœuds débloqués et une nouvelle dynamique mise en place, elle a ressenti un mieux-être. Dans les semaines qui ont suivi, elle a trouvé un travail qui lui correspondait, les rapports avec sa famille se sont améliorés et elle se sentait enfin vivante. En mettant en lumière des éléments clefs du passé de nos aïeux, l'énergie circule à nouveau dans nos propres vies.

Rituel de purification du passé

En premier lieu, il est nécessaire de se purifier soi. Pour ce faire, je vous invite à vous rendre page 28. Pourquoi vouloir purifier le passé en lien avec les précédents foyers ? Principalement pour être pleinement incarné ici et maintenant, en se libérant des interférences du passé qui teintent parfois les expériences.

Le feu est un allié puissant pour nettoyer ce qui a besoin de l'être. Les flammes soutiennent la dissolution de ce qui a été, des liens néfastes ou inappropriés, elles purifient et libèrent. Faire appel au feu n'est pas anodin. Identifiez au préalable les raisons pour lesquelles vous l'invoquez et ayez une intention claire. Que souhaitez-vous libérer ? Quelles émotions désirez-vous faire circuler ? Quels souvenirs voulez-vous purifier ?

Une fois que vous avez éclairci ces points, préparez le feu. Je vous invite à déposer en son cœur, avant de l'allumer, des fleurs de millepertuis fraîches, ou séchées, récoltées de préférence au solstice d'été. Cette plante solaire, réputée au Moyen Âge pour chasser les démons, est associée à la joie, à la santé et à l'élément feu. Ses pouvoirs de guérison puissants purifient, protègent, restaurent la confiance, libèrent des peurs et des angoisses inhérentes au passé. Ajoutez quelques feuilles de laurier noble, aussi appelé laurier vrai. Cette plante sacrée nettoie les charges, élève et apporte de la vigueur. Leur action combinée soutiendra votre rituel, en donnant une direction au feu.

Voici une prière que vous pouvez réciter avec fermeté, détermination et gratitude : « Cher Feu, je demande la dissolution de tous les liens conscients et inconscients entre moi et les anciens foyers, ici et maintenant, définitivement et pour toujours, en tout temps, et tout espace. Je demande le nettoyage et la purification des événements, souvenirs et mémoires liés à ces époques révolues, qu'ils soient transmutés en énergie d'amour et de lumière pour mon bien le plus élevé. Qu'il en soit ainsi. »

Si vous en ressentez le besoin ou si vous êtes plus à l'aise avec cette idée, vous pouvez rédiger une lettre qui commence par « Aujourd'hui, je laisse aller… », et vous écrivez ce dont il s'agit, avec une attitude détendue, de gratitude, comme si réaliser cet acte magique permettait déjà de vous alléger. Vous pourrez déposer cette lettre dans le feu au moment qui est juste pour vous.

Si vous ne pouvez pas faire de feu, vous pouvez utiliser la puissance de la visualisation pour faire jaillir devant vous un grand brasier. Voyez les flammes danser, observer leurs couleurs, sentez leur chaleur, entendez le crépitement du bois qui se consume et respirez l'odeur qui s'en dégage, imprégnez-vous du feu, incorporez des détails à votre vision. Si besoin, ajoutez du bois, invitez le vent pour alimenter votre feu. Gardez un contrôle souple sur votre visualisation, c'est vous seul qui modifiez les paramètres en fonction de vos besoins, et laissez l'intelligence du cœur opérer, ce qui est bon pour vous peut se manifester par des images, des sensations ou des sons.

Pensez à remercier le feu par une offrande. Quelle que soit votre façon de le faire, laissez-vous guider par votre intuition. Elle peut prendre la forme d'un chant, de graines de sésame ajoutées pendant qu'il brûle, de pétales de fleurs fraîches. Remerciez le lieu d'avoir accueilli votre rituel.

Rappelez-vous d'allumer un feu en réunissant les conditions favorables, dans le respect des règles de sécurité, en vous renseignant sur la météo, dans un espace adéquat à la préservation de la nature environnante.

Temps de gratitude pour les anciens foyers

Chaque lieu où nous avons passé du temps contribue à notre évolution. Que la période ait été agréable ou désagréable à traverser, une leçon se cache souvent derrière chaque expérience. Peut-être avez-vous tissé de nouvelles amitiés, reçu un enseignement, fait émerger de nouvelles idées qui vous ont conduit à trouver un meilleur emploi, des projets passionnants à réaliser, ou au contraire, connu une rupture ou un dégât des eaux ?

Cherchez les meilleurs souvenirs vécus à cet endroit, interrogez-vous sur ce que vos lieux de vie vous ont apporté, en dézoomant sur plusieurs semaines, mois, pour voir la succession d'événements qui se sont produits et à quoi ils vous ont mené. Je pars de l'idée que tout est toujours pour le mieux et qu'une situation déplaisante amène son lot de bonnes surprises pour peu qu'on élargisse le regard, que l'on prenne du recul et considère toute expérience comme positive. Parfois, il nous faut plusieurs années pour comprendre pourquoi un obstacle était nécessaire, et comment d'un fait désagréable il s'est transformé en richesse pour l'avenir. Le tableau est beaucoup plus grand que ce que nous pouvons imaginer, alors soyons reconnaissants et pleins de gratitude pour nos anciens foyers, qui nous ont permis d'évoluer, que ce soit en nous soutenant ou en nous faisant traverser des périodes complexes.

Une porte ouverte

Au mois d'août, il y a quelques années, j'ai emménagé dans une maison, accueillante lors de la visite, mais où, après seulement quelques jours, j'étais épuisée, incapable de travailler et de me concentrer. Je n'avais envie de rien. J'ai pensé que j'avais besoin de temps pour m'adapter à ce nouvel environnement. Chaque jour, j'avais de plus en plus froid, je ne me sentais pas à l'aise au moment d'aller me coucher, et des disputes éclataient fréquemment. Quand les invités venaient, ils préféraient rester dehors. Après un mois, grâce à ce mal-être, à des recherches et à une amie médium, j'ai pris conscience de l'existence de la géobiologie. Deux semaines plus tard, je prenais la décision de déménager et de retourner dans une région que j'avais eu du mal à quitter neuf mois auparavant, où des projets riches et stimulants m'attendaient les bras ouverts. J'ai mis des mois à comprendre que ce lieu où je m'étais sentie si diminuée m'avait pourtant permis de découvrir ce qui est aujourd'hui une de mes activités professionnelles !

Rituel de remerciement

Dans un endroit calme et paisible, allumez une bougie blanche, et posez-la devant vous avec vos deux mains. Fermez les yeux, prenez plusieurs profondes respirations et sentez votre corps sur votre chaise ou sur le sol, ainsi que votre densité. Portez votre attention sur l'étincelle d'amour qui brille dans votre cœur, vous pouvez poser vos mains sur votre poitrine pour vous aider, et alimentez-la en lui envoyant de l'amour, voyez-la occuper plus de place, sentez sa chaleur s'étendre à tout votre buste, à tout votre corps. Maintenant, visualisez un écran derrière vos paupières, et faites défiler vos différents foyers sous forme de diapositives : elles arrivent par la gauche de l'écran, votre gauche. Fixez l'image du domicile qui vient de se projeter et envoyez-lui tout l'amour que vous avez fait grandir dans votre cœur, il se partage en conservant la même intensité dans votre poitrine. Puis le cliché disparaît en glissant vers la droite. Reproduisez l'opération avec les autres foyers, avec le même transfert d'amour, jusqu'à voir apparaître l'actuel, que vous gardez sur l'écran. Si vous en changez un jour, recréez ce rituel, et faites circuler la diapositive sur la droite, et accueillez l'image du nouveau foyer.

Le mandala

Art millénaire et représentation graphique de notre univers, intérieur et extérieur, le mandala est initialement utilisé comme support de méditation dans le bouddhisme. En sanskrit, il signifie « cercle » et symbolise l'univers, le Divin, sous toutes ses formes, de sa création à sa manifestation. Ses formes géométriques et symétriques, qui ouvrent à la concentration et à la méditation, insufflent un sentiment d'unité, de totalité et de communion avec le grand tout.

Rituel pour raviver le feu intérieur

Comme un miroir, votre lieu de vie reflète votre être intérieur dans toute sa grandeur et ses dimensions. Il se teinte de vos humeurs, prend la couleur de ce que vous traversez, et ses vibrations influencent les vôtres en retour. Voici un rituel pour prendre soin de votre feu intérieur, chouchouter votre cocon, pour faire grandir vos ressources, renforcer votre connexion à votre royaume et à vous-même. Le mandala que vous allez réaliser vous connectera directement avec votre cœur, fera rayonner votre feu et permettra l'expansion de votre lumière.

Vous pouvez le créer dans votre jardin, ou dans une pièce de la maison. Ce support sera éphémère, mais laissera une empreinte énergétique dans l'espace.

Prenez conscience de votre centre, de ce que vous avez de plus précieux, de votre essence. Quelle partie de votre corps sentez-vous ? Placez au cœur du mandala un élément qui illustre cette idée, prenez le temps de choisir ce qui sera le plus adéquat et évocateur pour vous. Puis autour de ce cœur, riche et étincelant, composez votre mandala, représentation artistique de votre monde. Faites-le rayonner en utilisant des fleurs, des galets, des lentilles, des haricots, ou encore des coquillages, laissez parler votre créativité et votre enfant intérieur, jouez avec les couleurs, les formes. Gardez en tête qu'en réalisant ce mandala, vous favorisez l'expansion de votre lumière, en augmentant le rayonnement de votre feu. Prenez votre temps pour le construire, en pleine conscience, en conservant cette qualité de douceur et d'amour dans vos gestes, légers, fluides et ancrés. Lorsque vous avez fini, ressentez de la gratitude pour vous, pour votre foyer et pour l'univers, pour tous les êtres qui vous entourent. Sentez votre présence, comme individu à part entière, en symbiose avec l'univers tout entier. Ce mandala créé avec le cœur émanera de puissantes énergies bénéfiques.

Quand la magie opère

La magie de la recherche

Maintenant que vous avez porté votre regard sur votre intérieur, ravivé votre feu et pris soin d'examiner vos attentes, la magie peut continuer d'œuvrer dans tous les domaines de votre vie. Se lancer à la recherche d'un nouveau chez-soi est excitant, euphorisant, stimulant et parfois stressant, mais tellement agréable à vivre quand nous mettons différents atouts dans notre poche. Voici trois affirmations puissantes que j'aime faire vibrer en moi, en les répétant à haute voix :

Je permets à la magie d'opérer.

Aujourd'hui, je m'autorise à recevoir.

Je mérite qu'advienne tout ce qui est bénéfique pour moi.

Ces phrases sont-elles faciles à verbaliser ? Quelles sensations vous procurent-elles ? Repérez-vous des résistances ? Plus vous les formulerez en ressentant qu'elles sont vraies, plus elles prendront racine dans votre quotidien et l'enchanteront.

La loi de l'attraction

La croyance selon laquelle il est nécessaire d'endurer des épreuves et surmonter des obstacles avant d'atteindre un état de satisfaction est largement répandue. Pourtant, accéder au bonheur de façon simple et fluide est possible, souhaitable et réalisable.

Le principe de la loi de l'attraction est que vous attirez à vous ce que vous vibrez. L'enjeu consiste à choisir ce sur quoi vous vous concentrez, pour que cela se manifeste dans la matière. En schématisant, si vos émotions sont négatives, les ondes qui émanent de vous le seront aussi et vous appellerez le négatif. Au contraire, si vous vibrez positivement, votre taux vibratoire sera plus élevé et le positif viendra à vous. Cela nous demande de laisser derrière ce qui ne nous nourrit plus, pour songer à ce qui est bon pour nous.

En un mot, regarder devant en imaginant le meilleur, fort de nos expériences passées.

Avez-vous remarqué que les gens à qui il arrive des malheurs cumulent généralement les difficultés ? Nous avons souvent l'habitude, quand nous sommes confrontés à une complication ou à une mauvaise nouvelle, d'en parler, d'échanger avec nos proches autour de ce sujet. Il est moins évident de chercher à voir le bon côté des choses (d'autant plus lorsqu'il s'agit d'événements qui nous touchent profondément ou nous ébranlent), c'est tout à fait normal : notre mental est ainsi fait. Il suffirait de porter l'attention sur trois choses positives pour annuler l'effet d'avoir songé à une négative. Pourtant, cette gymnastique d'esprit est magique. En la pratiquant régulièrement, vous observerez se dessiner autour de vous un décor plus beau encore que ce que vous aviez imaginé, la vie pourrait même vous faire de jolies surprises auxquelles vous ne vous attendiez pas.

Si vous vous concentrez sur ce dont vous ne voulez pas, vous l'obtiendrez inévitablement. L'univers ne tient pas compte des polarités, si vous pensez en bien ou en mal d'une chose, peu importe : vous y songez et y consacrez de l'énergie. Alors, cette énergie entre en résonance avec le monde et la vie vous amène ce sur quoi vous vous focalisez : ce qui occupe votre esprit prendra forme. Savoir ce dont vous ne voulez pas est une chose, définir ce que vous désirez en est une autre.

Gardez en tête que l'univers vous donnera toujours raison.

Vous pensez que la vie est dure ? Elle le sera. Vous êtes certain que les solutions viennent d'elles-mêmes et que tout finit par s'arranger ? Il en sera ainsi !

Ce n'est qu'une histoire de vibrations. Cela demande une discipline de s'entraîner à observer ses pensées, à les rediriger avec douceur et fermeté, ou à les modifier si besoin. Toujours avec détermination et souplesse.

Lorsque vous songez à votre foyer, cherchez de nouvelles maisons à visiter, observez votre état et vos vibrations. Êtes-vous agacé d'aller d'agence en agence, ou d'éplucher les petites annonces ? Fatigué des travaux en cours, des négociations avec la mairie pour votre habitat léger ? Prenez une grande respiration, et adoptez une attitude différente, vibrez la joie quoi que vous fassiez, laissez les solutions se présenter à vous et la magie de la loi de l'attraction opérer.

La visualisation

Cette technique constitue l'une des bases de la magie, et vous serez régulièrement amené à l'utiliser lors de vos rituels. Sa puissance n'a de limite que vos propres limites. Cette image mentale que vous alimentez se nourrit de représentations, de sons, d'odeurs, de goûts ou de sensations. Plus elle sera riche de différents sens, plus elle sera complète et précise, et plus elle sera forte. La visualisation met en œuvre les ressources de l'esprit, l'imagination et l'intuition, et permet d'interagir avec les plans énergétiques et physiques, pour conduire au bien-être. Utilisée dans le domaine professionnel, sportif, thérapeutique, ou privé, elle est créatrice et donne des résultats concrets. Vous pouvez vous servir de cet outil pour améliorer une performance, réussir une négociation de prêt avec votre banque, ou fluidifier le contact avec vos voisins, quel que soit le cas de figure.

Notre cerveau ne fait pas la différence entre la réalité et une visualisation.

Pour peu que vous visualisiez la situation comme si vous y étiez, en la vivant avec le plus de détails possible, la physiologie de votre corps répondra de la même manière que si vous l'expérimentiez réellement. Créez la représentation d'un moment de joie partagée avec vos proches sur une île paradisiaque, entendez leurs rires et observez leur sourire. Écoutez le bruit des vagues en fond. Faites un arrêt sur image sur chaque visage, la couleur des maillots de bain, et sentez la chaleur du soleil sur votre peau. Un sentiment de détente s'installe instantanément dans votre corps.

Visualisez la situation vers laquelle vous tendez et également le chemin pour y arriver. Je ne dis pas ce que vous désirez, car un désir implique souvent une importance qui peut faire chavirer un projet, je parle d'intention. Cette dernière suggère une posture d'action, de mise en mouvement vers : vous êtes en route et savez à l'avance que vous atteindrez votre but.

Vous êtes à la recherche d'un nouveau chez-vous ? La visualisation vous aidera à accéder à ce que vous souhaitez. Créez mentalement l'image de votre lieu de rêve (ou utilisez un tableau de visualisation, voir page 182), visualisez le chemin pour vous y rendre, l'extérieur, l'environnement qui l'entoure, sa forme, les ouvertures, chaque pièce une à une, comme lors d'une visite virtuelle, parcourez tout. Mettez-y du son, des couleurs, des odeurs, des goûts, des sensations physiques et des émotions. Imaginez si vous avez chaud ou froid, sentez la texture du vêtement que vous portez, la douceur du gazon de votre jardin sous vos orteils, l'odeur de votre plat favori qui cuit dans la cuisine, goûtez-le, ajoutez une pincée de sel, invitez vos proches à passer à table, ressentez tout comme si vous étiez déjà dans cet environnement. Vous créerez de nouveaux chemins neuronaux qui permettent aux choses de s'inscrire plus facilement dans la matière.

Soyez patient et assidu. S'entraîner pendant dix minutes par jour suffit. Vous décidez de tout, vous êtes à la fois le réalisateur, le metteur en scène, l'acteur, l'observateur, le scénariste, vous occupez tous les rôles et modifiez tous les paramètres que vous souhaitez. Avec le temps, vous vous rendrez compte que, parfois, votre intuition, votre âme ou votre inconscient vous suggère des images plus riches encore. Si c'est juste pour vous, intégrez-les à votre visualisation et continuez !

Des échanges magiques

Vous négociez un prêt avec votre banquier ? Visualisez votre interlocuteur dans une situation où il obtient ce dont il a besoin. Mettez-vous dans une posture où vous êtes présent à la discussion et en même temps vous créez une image mentale : il prépare ses bagages pour se rendre dans un lieu qu'il affectionne, où il retrouve ses proches avec qui il joue au golf en savourant un cocktail. Une réunion de copropriété ? Visualisez chaque personne dans une situation qui lui est bénéfique et lui apporte du bien-être. Vous serez surpris de la fluidité des échanges !

La visite : se sentir chez soi

« Quand il y a un doute, il n'y a pas de doute. » Mes instructeurs de krav maga m'ont transmis cette phrase qui me sert au quotidien. Bien souvent, elle m'a aidée à prendre des décisions favorables à mon évolution. Elle signifie que s'il y a l'ombre d'un doute sur une situation, vous avez votre réponse : quelque chose vous freine et votre intuition vous met en alerte. Si vous cherchez à vous convaincre que le lieu que vous visitez est fait pour vous, si vous doutez qu'il vous soit bénéfique, alors il ne l'est pas et vous n'avez pas l'accord de votre âme pour vous y installer. L'important est de prendre le temps d'écouter votre cœur, votre âme, votre corps : vous avez tous les indices. Le mental trouve généralement de bonnes raisons de nous convaincre d'essayer quand même, de lister malgré tout des points positifs (et parfois à juste titre), mais le corps ne ment jamais. Si vous ne « sentez » pas quelque chose, faites-vous confiance.

Au contraire, si tous les voyants internes sont au vert, si vous voulez vraiment emménager dans ce logement, alors visitez-le comme s'il était déjà votre royaume, et insufflez les énergies de votre foyer.

En arrivant sur le lieu, portez votre attention sur vos sensations physiques. D'abord en sortant de votre voiture, puis à l'extérieur de la maison, dans le hall de l'immeuble ou sur la parcelle, avant de franchir le seuil, puis à l'intérieur, pièce après pièce. Notez les ressentis, les différences entre le dedans et le dehors, laissez venir les images s'il y en a, les associations d'idées, accueillez ce qui se présente. Si vous êtes accompagné, invitez vos proches à prêter attention à leurs sensations. La joie est un indice précieux et infaillible. Là où il y a de la joie et de l'amour, les erreurs ou les mauvaises décisions sont absentes. Si vous ressentez cette joie, nourrissez-la, et permettez-lui de rayonner, de s'expanser. Le lieu sentira vos vibrations, comme la personne qui vous fait visiter. Si vous effectuez cette découverte avec votre famille, en parcourant les pièces, visualisez vos meubles dans l'espace, votre décoration, discutez de l'aménagement des chambres, du tapis dans l'entrée. La clef est de s'exprimer au présent. Comme un enfant, jouez à faire « comme si » et transformez ce jeu en réalité physique. Tout est déjà là, vos bougies sur votre autel, les chaussons des enfants dans l'entrée, le goûter sur la table de votre cuisine, les plantes, les magnets sur le frigo, votre réveil sonne dans votre chambre. Imprégnez-vous de tout ça comme si vous entriez dans un bain chaud et parfumé, à température idéale.

La magie du lieu : géobiologie de l'habitat

La géobiologie se définit comme la « connaissance de la vie de la Terre » et représente un élément incontournable du bien-être au foyer. Cette science, plurimillénaire, longtemps oubliée en Occident, offre de nombreuses clefs de compréhension et éclaire sur l'impact de l'environnement sur la santé des vivants et du foyer.

La Terre, un organisme en mouvement

Tout comme le corps humain possède des méridiens, véritables lignes de flux énergétique, et des points d'acupuncture qui sont autant d'accès à l'énergie du corps, la Terre possède également sa cartographie invisible. Une multitude de réseaux la quadrille, formant des croisements à polarité positive ou négative et dont les interactions se manifestent à la surface du globe. Ces réseaux telluriques correspondent à l'émanation magnétique des métaux existants au centre de la Terre. Leurs vibrations sont détectables grâce aux outils du géobiologue, comme le pendule, les baguettes de sourcier ou encore l'antenne de Lécher.

Depuis des millénaires, l'homme a bâti de hauts lieux vibratoires, comme Stonehenge ou le Mont-Saint-Michel, en fonction de ces maillages et de leurs croisements, des courants d'énergie, des failles, des cours d'eau souterrains et des astres. D'autres sont naturels, vierges de toute intervention humaine. Ces lieux permettent à chacun d'augmenter ses vibrations, de se recueillir, de se décharger et de se ressourcer.

Il existe des lieux qui élèvent nos vibrations et certains qui les ternissent ou les rabaissent. Dans la nature, lorsque nous ne faisons que passer dans ces endroits, l'impact est anodin, mais quand l'on y vit, les conséquences sont tout autres.

L'atmosphère du foyer est de toute évidence teintée par l'emplacement du bâtiment. Est-il construit sur une zone qui vibre positivement ? Le lit se situe-t-il sur un croisement négatif ?

L'enjeu de la géobiologie est de détecter ces points pathogènes, responsables des perturbations, afin de les neutraliser ou de rééquilibrer l'environnement. Elle apporte des réponses techniques et subtiles pour que le lieu rayonne de manière bénéfique pour les habitants.

Un temps pour soi

Avant d'aller plus en avant dans la découverte de la géobiologie de l'habitat, je vous invite à vous poser ces questions :

Vous sentez-vous à l'aise dans toutes les pièces de votre maison ou évitez-vous certains endroits ?

✦

Au réveil, êtes-vous en pleine forme ou moins bien qu'au coucher ?
Vos plantes sont-elles en bonne santé ou présentent-elles des signes de faiblesse ?

✦

Comment se comporte votre animal de compagnie ?
Les relations familiales sont-elles plus harmonieuses à l'extérieur qu'à l'intérieur ?

✦

Après une journée de travail, avez-vous envie de rentrer dans votre foyer ou retardez-vous l'échéance ?

Le corps perçoit toutes les influences subtiles, invisibles.

Vos ressentis physiques et vos humeurs sont des indicateurs de ce qui se passe dans votre logement.

Les principaux réseaux

À chaque métal présent dans les sous-sols de la Terre correspond un réseau aux dimensions et à l'orientation spécifiques. Certains peuvent s'élargir sous l'influence de phénomènes internes au globe. Nous parlerons ici des plus connus et de ceux qui ont une incidence forte sur l'habitat. Leur présence n'est pas néfaste en soi, c'est la manière dont ils entrent en interaction les uns avec les autres et avec le vivant qui est déterminante.

Le réseau du nickel est orienté selon les points cardinaux Nord-Sud et Est-Ouest. Ce « mur d'ondes » vertical d'une largeur de vingt et un centimètres mesure deux mètres par deux mètres et demi. Le docteur Hartmann le met en évidence alors qu'il fait des observations sur la mortalité. À cette époque, il constate que l'emplacement des lits d'hôpitaux a un impact direct sur la santé et que les patients situés sur les croisements de ces lignes ont des difficultés à guérir ou voient leur maladie s'aggraver. Aujourd'hui, les récentes recherches montrent que la présence de failles et de courants d'eau associée aux croisements négatifs génère ces rayonnements perturbateurs. Vous pourrez observer que les chats et les fourmis sont attirés par ces points, alors que les chiens les fuient.

Le réseau Curry correspond au fer, il est orienté Nord-Est/Sud-Ouest, et Nord-Ouest/Sud-Est, selon un quadrillage à 45 °. Ses lignes mesurent généralement entre trente et quarante centimètres de large et sont espacées de quatre à huit mètres. Comme il est de nature magnétique, il se déforme au contact de masses, comme le béton armé, les plaques de cheminée ou les voitures, et monte en diagonale dans les étages. Les lignes du maillage alternent entre des polarités positives ou négatives, créant des croisements aux nœuds parfois agressifs pour le système nerveux. Si un croisement du réseau Hartmann s'ajoute à ces derniers, c'est le fonctionnement des cellules, des organes ou encore des glandes qui subit des perturbations.

Les réseaux or et argent, qui sont en lien avec le Soleil et la Lune, sont présents sur toute la surface de la Terre, ils mesurent généralement trois cent cinquante par quatre cents kilomètres. On les retrouve dans les hauts lieux énergétiques, comme dans la cathédrale de Chartres ou à Lhassa au Tibet. Leurs vibrations sont régénératrices et guérisseuses.

Les perturbations

Qu'elles soient artificielles ou naturelles, qu'elles découlent de la superposition de croisements négatifs, de pollutions invisibles, les perturbations d'un lieu de vie sont souvent multiples et leurs effets variables en fonction des habitants et des foyers. Être capable de reconnaître, identifier et dissoudre les nuisances sont des étapes primordiales sur le chemin du bonheur, nécessaire à prendre en compte afin que votre magie rayonne durablement dans votre cocon.

Nuisances d'origines artificielles et naturelles :

- Les problèmes électriques sont responsables de la majorité des déséquilibres. Il est d'une importance capitale d'avoir dans votre maison une bonne mise à la terre. Elle permet au courant de fuite (appelé également électricité résiduelle ou courant vagabond) d'être rendu au sol et de retourner à la centrale plutôt que de circuler en circuit fermé dans votre installation, par tous les matériaux conducteurs. Un câble de mise à la terre fixé sous un véhicule aménagé aide à se sentir mieux.
- La présence de lignes à haute tension et de transformateurs à proximité a des répercussions sur votre foyer par le champ électromagnétique qu'ils produisent sur une distance variable, tant par le sol que par voie aérienne. Cela sera plus ou moins néfaste en fonction des autres perturbations existantes dans le périmètre. En effet, elles peuvent se combiner et s'amplifier les unes les autres.
- Les antennes-relais téléphoniques émettent un signal et diffusent des ondes sur un large territoire. Il est parfois plus néfaste d'être situé à plusieurs centaines de mètres ou kilomètres de leur implantation qu'à leur pied. La topographie du milieu, leurs caractéristiques, leur localisation influencent leurs effets.

- La nuisance des éoliennes, visuelle, auditive, ondulatoire, est amplifiée par leur taille, leur nombre, leur emplacement, mais aussi par les débats suscités, responsables de la création d'égrégores. Leur rayonnement peut impacter tout un village et des exploitations agricoles à des kilomètres à la ronde.
- Créées dans le sous-sol ou en surface de la Terre lorsque l'écorce terrestre se rompt, que les masses rocheuses se séparent, les failles engendrent des déséquilibres. À l'aplomb, sous l'effet des radiations et rayonnements produits, le système immunitaire se met en alerte et le corps se dérègle, parfois des fissures apparaissent sur les bâtiments. Les failles sont dites humides si elles abritent un cours d'eau souterrain, ou sèches si elles sont liées à une discontinuité dans la nature des matériaux du sol (présence d'argile et de sable, par exemple), ou dans la constitution des roches (dures ou friables).
- La présence de cours d'eau ou de veines d'eau sous les maisons génère différents effets. Leur débit, leur volume, leur profondeur et leur direction sont des facteurs prédominants à prendre en compte. Qu'ils stagnent ou parcourent les sous-sols à vive allure conduira les habitants à des états différents. De plus, l'eau véhicule des informations. En circulant sous votre domicile, le cours d'eau va en colorer les énergies. S'il traverse en amont un lieu sacré, il rehaussera le taux vibratoire et vous ne sentirez pas de désagrément, mais s'il passe sous une église, puis un cimetière, ou encore près d'un abattoir, ou d'une décharge, c'est une autre histoire.

Tous sans fil

Téléphones portables, ordinateurs, micro-ondes, lampes halogènes, panneaux photovoltaïques, autant d'appareils qui déstabilisent notre organisme et impactent notre énergie. S'ils sont au service de notre confort, c'est souvent au détriment de notre santé. Prendre conscience de l'utilisation qui en est faite est une première étape pour élargir notre compréhension.

Check-up électrique

La mise à la terre est-elle aux normes ? Et placée au bon endroit sur un sol adapté ?

Les installations sont-elles défectueuses ou mal isolées ?

✦

Les raccordements électriques sont-ils vétustes ?

✦

Y a-t-il des appareils défectueux chez vous ?

Vos sources électriques sont-elles à proximité d'un circuit d'eau ?

Nuisances d'origines subtiles et paranormales :

- Les cheminées cosmotelluriques sont des points de respiration de la terre, à polarité positive ou négative, revitalisante ou dévitalisante. Elles prennent la forme de colonnes verticales avec noyau central entouré de bras ou branches. Il est préférable qu'elles ne se situent pas dans le foyer, car elles créent des perturbations ou des déséquilibres. Vous pouvez leur demander de se déplacer, à l'extérieur de chez vous, à un endroit approprié où elles se sentiront bien, et où elles ne gêneront ni les voisins ni la circulation.
- L'histoire et la mémoire du lieu influencent sa vibration. En effet, les murs se teintent de la couleur des événements qui s'y sont déroulés. Des maisons ayant abrité une famille où les actes violents étaient fréquents continueront à irradier agressivité et colère tant qu'elles ne seront pas nettoyées. Vivre dans un ancien cabinet médical n'est pas non plus de tout repos.

Renseignez-vous sur l'histoire du lieu avant de vous y installer. Quels sont les légendes ou récits qui s'y rattachent ? Les habitants précédents étaient-ils connus ? Comment étaient leur santé et leur vie ? De quoi sont-ils décédés ? Ces informations vous éclaireront peut-être.

- Des âmes non montées dans la Lumière, ou errantes, occupent parfois les lieux. Qu'elles aient vécu là avant leur mort ou qu'elles soient de passage, leur présence peut être évidente ou passer inaperçue. Une certitude : elles ont besoin d'aide et de beaucoup d'amour pour passer de l'autre côté, poursuivre leur ascension et laisser libre la place aux vivants.
- À ces nuisances potentielles, déjà nombreuses, s'ajoute entre autres l'existence de malédictions, d'égrégores, de formes-pensées, de parasitages énergétiques, de mémoires transgénérationnelles et d'objets chargés qui pèsent dans certains cas sur les lieux de vie.

Les signes précurseurs

Les détecter permet de se questionner sur les éventuelles perturbations. Voici les plus fréquents : fatigue, difficultés de concentration, problème d'endormissement et insomnie, mal-être, irritabilité, nervosité, colère, problèmes respiratoires et nerveux, vertiges, troubles de l'appétit, manque d'entrain, maladies chroniques... Mieux vaut trouver les causes avant que des ennuis de santé plus importants s'installent.

L'énergie retrouvée

Tout problème a sa solution ! Ces nuisances contribuent, parfois malgré nous, à nous faire avancer vers une meilleure connaissance de notre territoire, elles nous permettent d'apprendre, de grandir, de guérir. Continuons de cheminer, d'ancrer votre magie, de la développer, d'aider les âmes à monter dans la Lumière, à nourrir un juste équilibre et à faire rayonner votre bien-être.

Si vous détectez une nuisance ou un déséquilibre dans votre foyer, contactez un géobiologue : il vous apportera des solutions adaptées. Si vous envisagez de construire, de rénover ou de réaliser de gros travaux, faire appel à ses compétences peut vous permettre de gagner un temps précieux et d'éviter bien des tracas.

Si ce n'est pas votre cocon qui a besoin d'aide, mais vous, des professionnels compétents (kinésiologues, énergéticiens, hypnothérapeutes, sophrologues...) sauront vous accompagner. Pour choisir vers qui aller, cherchez des contacts auprès de vos proches, demandez à l'univers de mettre la bonne personne sur votre route, laissez-vous guider. Un outil peut vous convenir à un moment de votre vie, puis vous pouvez avoir envie d'en changer. Rien n'est figé. À vous de sentir ce qui est adapté à votre requête, et encore une fois :

Votre intuition connaît le chemin !

Pour l'harmonie de votre havre de paix, vous pouvez déjà œuvrer à votre niveau en faisant vérifier votre réseau électrique et en mettant en place des solutions à votre mesure. Des sorts de protection aux rituels d'abondance, en passant par les nettoyages énergétiques, le développement des pensées positives et de la joie, nous aborderons tous ces éléments au cours de cet ouvrage.

Ouvrir l'espace subtil

Trouver sa juste place

Intégrer un nouvel espace, l'occuper, l'habiter, en prendre soin nécessite d'être et de se sentir à sa place pour agir et vivre avec justesse. La trouver suggère qu'elle existe déjà, sur mesure, idéale et adaptée à votre être incarné. Il suffit de partir à sa recherche et de parfois régler certains paramètres. Le premier pas est de reconnaître sa réalité de fait : chacun a sa place sur Terre. Il n'y a pas à la gagner, à la mériter ou à la créer.

Quelle place occupez-vous dans votre foyer, au sein de votre famille, de votre fratrie, du lieu, dans votre colocation ? Vous sentez-vous à votre place ? Comment la définissez-vous ?

Chercher et dessiner notre place peut passer par des questionnements intérieurs, un cheminement de développement personnel, et également par la recherche d'un lieu où l'on se sent bien. Elle évoque l'occupation d'un espace, d'un point de vue géographique, spatial, sociétal, familial, généalogique, personnel.

Se sentir à sa place signifie être bien là où l'on est, en adéquation avec l'environnement dans lequel on évolue. En d'autres termes : serein, en paix, en place, à cette place. Cela implique que nos contours et limites sont définis, pour que la place de l'Autre ne déborde pas sur la nôtre, et réciproquement.

Trouver sa place représente parfois une difficulté, que ce soit lors d'une installation, en lien avec l'arrivée d'un nouvel enfant, d'un colocataire, ou la recomposition d'une famille, avec les voisins ou simplement soi-même. Cela demande des ajustements, adaptations ou modifications, pour que chacun s'y retrouve et qui poussent souvent l'entourage à se réajuster et chaque individu à redéfinir sa propre place, avec plus de justesse.

Se sentir à sa place assure une base, un ancrage, une forme de stabilité nécessaire à la pratique de la magie en toute sécurité.

En occupant votre place, vous assumez pleinement d'être qui vous êtes, avec douceur et bienveillance. Et si ce n'est pas le cas, petit à petit tendre vers ça, un pas après l'autre. C'est se sentir légitime d'être, d'incarner vos valeurs, d'exprimer vos besoins, réaliser vos rêves et honorer la personne que vous êtes dans toute sa grandeur.

Parmi les siens

Trouver sa place dans sa famille implique de comprendre que :

Pour vos parents, vous êtes le petit. Pour vos enfants, le grand, c'est vous, ils sont les petits. En constellations familiales, ce principe de respect de la hiérarchie généalogique permet à chacun d'être à sa juste place, d'éviter de porter des fardeaux qui ne sont pas les nôtres, d'offrir à chacun la possibilité de contacter ses propres ressources pour avancer dans la vie.

Un temps pour soi

Où vous sentez-vous à votre place ? Si vous ne vous sentez pas à votre place dans votre foyer, pourquoi ? Pouvez-vous modifier quelque chose pour y remédier ? Quels ajustements sont nécessaires ?

L'autel, au cœur des pratiques

Indissociable de votre magie, l'autel est l'endroit sacré d'où vous ouvrez l'espace subtil avant de méditer, de vous ressourcer, de réaliser un rituel ou toute action magique. Il occupe une place centrale dans votre pratique, car il est rattaché à l'exercice de votre pouvoir personnel et à vos intentions. C'est là que vous retrouvez vos outils, les offrandes que vous faites, les objets qui vous inspirent et ceux en lien avec les célébrations que vous mettez à l'honneur. Qu'il soit grand ou petit, très fourni ou minimaliste, disposé sur une table ou le rebord d'une cheminée, à l'intérieur ou dans votre jardin, il est comme une bulle en retrait du monde, où vous recueillir en toute tranquillité, sans être dérangé, mais facilement accessible au quotidien. Installez-le dans un endroit où vous passez régulièrement plutôt que dans une pièce où vous n'allez jamais.

Qu'il soit toujours au même endroit est propice à ancrer les énergies et à augmenter le taux vibratoire de l'espace au fur et à mesure que vous pratiquez. Avec l'habitude, le simple fait de vous rendre à votre autel suffira à élever vos fréquences et à vous mettre en condition.

Aménagez-le comme bon vous semble pour vous y sentir à l'aise et en confiance. Choisissez un bougeoir qui vous plaise, un porte-encens, des bougies avec des allumettes, décorez-le avec des cristaux, des plumes, des symboles protecteurs ou un objet de pouvoir sacralisé, vos oracles, un petit plat en bois ou en céramique pour recueillir les offrandes, des fleurs, un bâton de fumigation... Ne le surchargez pas inutilement, la simplicité est toujours efficace.

Écoutez vos envies et votre inspiration !

Trouvez ensuite votre manière d'ouvrir votre espace sacré. Cela peut se faire par une phrase, un chant, un geste, un acte qui vous correspond, comme un ancrage que vous répétez à chaque fois et qui marque le début de vos rituels. Il peut aussi s'agir de tracer un cercle magique avec une craie, une baguette ou un athamé sur la terre ou le sol, pour délimiter physiquement cet espace.

Le cercle magique

Tracer sur le sol un cercle magique, à l'aide de sel ou de farine, est une manière de visualiser et matérialiser votre espace sacré, et de vous ancrer dans cet endroit consacré, de vous l'approprier, d'occuper votre place en son cœur. Cette frontière entre le profane et le sacré délimite votre zone de travail. Ce cercle offre au divin, au spirituel, un espace où il peut se densifier lors de vos pratiques, être contenu, et un environnement favorable qui permet l'interaction avec les forces magiques, tout en agissant comme un filtre pour laisser au-dehors les énergies résiduelles ou interférentes dont la présence est défavorable. Il peut aussi être symbolisé par des objets qui incarnent le pouvoir des quatre éléments, placés successivement dans le sens horaire en commençant par l'est : traditionnellement l'air (plume ou encens) placé à l'est, le feu (bougie) au sud, l'eau (bol d'eau de source ou calice) à l'ouest, et la terre (cristal, soucoupe remplie de terre ou de sel) au nord. Pour chaque point cardinal, j'appelle les esprits correspondants, en m'adressant d'abord à ceux de l'est, en terminant par le nord, et dans le sens des aiguilles d'une montre. Ayant des affinités avec le chamanisme, j'invoque ensuite les esprits du monde d'en haut, le Soleil, la Lune, les étoiles et le ciel, les esprits du monde du milieu, le règne des végétaux, des minéraux, et les esprits du monde d'en bas, de la Terre, mes animaux de pouvoir. Je demande également à mes ancêtres de me guider. Vous pouvez aussi demander à vous connecter à votre Source, appeler vos guides de Lumière (selon moi, ils peuvent représenter votre partie divine, des parts de vous plus subtiles) qui joueront un rôle de gardiens et de protecteurs, comme les points cardinaux. Soyez certain que vous invoquez les énergies de Lumière, présentes pour votre bien. Qu'il soit dessiné dans la maison ou à l'extérieur dans la nature, l'essentiel est que ce cercle existe physiquement. Ce sont les énergies invitées à l'intérieur qui vous protègent, ainsi que votre ancrage, comme nous le verrons plus loin. Une fois votre cercle créé, d'une dimension qui vous permet de bouger facilement, n'en sortez pas avant la fin de votre rituel. Cela implique que tout le matériel nécessaire est déjà réuni à vos côtés. Lorsque votre pratique magique est terminée, défaites votre cercle en le déconstruisant dans le sens inverse des aiguilles d'une montre, remerciez les présences et les énergies avec lesquelles vous avez travaillé.

Entrer en contact avec le lieu et son gardien

Asseyez-vous confortablement dans un espace calme, où vous êtes sûr de ne pas être dérangé, allumez une bougie, centrez-vous, puis, grâce à la respiration, amenez le calme dans votre corps, le silence dans votre esprit. Posez l'intention de vous présenter au gardien du lieu. Avec le cœur, par mots, images, sensations, présentez-vous à lui, même si vous ne le connaissez pas encore. Faites-le avec sincérité, expliquez-lui la raison de votre présence, ce qui vous a conduit à emménager et à vivre ici. Puis sentez en vous-même s'il est juste d'ouvrir un espace de dialogue défini avec lui. Si c'est le cas, toujours avec le cœur, mettez-vous en lien, et demandez à recevoir des réponses lumineuses de sa part, laissez apparaître les images. Quelle est sa forme ? Sa taille ? Sa couleur ? Parle-t-il ? Bouge-t-il ? Vous fait-il penser à une créature que vous connaissez ? Est-il en train de faire quelque chose ? Prenez tout le temps dont vous avez besoin. Si au départ rien ne vient, restez concentré et détendu à la fois, peut-être avez-vous besoin de quelques minutes de relaxation supplémentaires ou de réitérer l'exercice une prochaine fois. Quand vous sentez que vous êtes connecté à lui, demandez-lui s'il a un message pour vous, accueillez ce qui se présente. Pensez à le consulter régulièrement, notamment si vous envisagez de réaliser des travaux, pour avoir son accord ou son soutien sur ce que vous entreprenez dans le foyer. Il s'agit d'une sorte de collaboration entre vous et ces présences qui vivent sur d'autres plans plus subtils. Il pourra peut-être vous conseiller un endroit bénéfique où disposer votre autel ou répondre à vos interrogations quant à une plante qui n'est pas au mieux de sa forme.

Si vous ne parvenez pas à vous mettre en lien avec le gardien du lieu, essayez avec le lieu lui-même. Vous obtiendrez peut-être d'autres informations.

De temps en temps, vous pouvez lui faire une offrande, comme une petite portion de votre repas, un café fumant, ou une gorgée d'alcool.

Lettre d'intention

Comme nous l'avons vu, l'ouverture de l'espace subtil est indissociable de la prise de conscience de notre place au cœur de cet espace. Poser des intentions permet de garder une ligne de conduite pour l'occuper, mieux le définir, et maintenir une cohérence globale, en étant centré et aligné avec soi. En couchant les mots sur le papier, l'idée se fait matière et offre aux intentions la possibilité de poursuivre leur croissance dans un terreau fertile.

Chaque étape de vie, chaque passage, est propice à porter un regard neuf sur soi, à écrire une nouvelle page et à faire le point sur la situation, pour réajuster la voile si besoin. Rédiger une lettre d'intention est une manière de s'engager envers soi-même en premier lieu, puis envers l'entourage ou l'environnement si on le souhaite. Je vous invite à déposer sur le papier vos résolutions, vos intentions profondes. Plus que de simples envies, elles s'accompagnent d'une volonté d'agir et d'atteindre vos objectifs, de prendre des initiatives pour avancer dans le sens que vous avez défini, de trouver des solutions aux difficultés rencontrées et de cheminer vers plus de vie. Écrivez de la manière la plus simple et claire possible, en vous connectant à votre partie divine. Intention et engagement vont de pair. Ce duo essentiel représente la première marche vers le succès.

L'intention donne une direction et une souplesse, une flexibilité, à l'engagement, en autorisant des adaptations en cours de route si elles sont nécessaires. Voici un exemple de lettre que vous pouvez modifier au besoin.

« Je m'engage à prendre soin de moi, à reconnaître mes limites, à honorer mes contours, à respecter mes ressentis, à garder une posture juste et équilibrée dans ma pratique et au quotidien, à l'ajuster et à la questionner si elle ne me correspond plus. Je m'engage à prêter attention à mes besoins, à prendre les décisions qui sont bénéfiques pour moi, à cultiver la magie de la vie et nourrir mon essence d'être divin incarné. Chaque jour, je consacre un temps à écouter mon corps, mon âme et mon esprit. J'observe avec douceur et bienveillance les énergies et émotions qui circulent en moi, je les accueille et laisse repartir ce qui est dépassé.

Je m'engage à prendre soin de toi, cher Foyer, miroir de mon être intérieur, à être à l'écoute des signes par lesquels tu me montres ce que j'ai à comprendre ou à modifier sur mon attitude. Je te remercie pour le regard profond que tu m'aides à porter sur ma vie et ses facettes les plus subtiles. Merci pour ton soutien, ton appui au quotidien, merci pour ta participation dans les nettoyages et purifications au cœur de tes murs, merci pour les énergies bienfaisantes et la protection que tu m'apportes. Je te remercie du fond du cœur pour la protection que tu offres également à ma famille, aux habitants présents sous ton toit, et je pose l'intention d'être à leur écoute, pour que chacun soit libre d'occuper sa place de la meilleure des manières. »

Ajoutez des intentions plus précises si elles concernent un domaine particulier ou quelque chose qui vous tient à cœur. Une fois que vous avez terminé, soit brûlez la lettre en remettant son contenu à l'univers, pour que la vibration des mots s'y répande, soit gardez-la près de votre autel pour la relire de temps en temps ou simplement pour que votre pratique se teinte de ces mots.

À vos agendas !

L'ouverture de l'espace subtil est l'occasion de célébrer avec les habitants du foyer. Temps propice pour faire rayonner la joie, partager vos aspirations et offrir une bénédiction à votre lieu, cet événement majeur marque une nouvelle étape dans l'établissement de votre magie. Idéalement, cette bénédiction se fera avant l'emménagement ou au moment où vous entrez dans les lieux. Chacun peut revêtir une tenue qu'il affectionne, à la fois solennelle et simple. Tracez au sol un cercle avec des fleurs fraîches ou un fil de laine rouge. À tour de rôle, déposez au centre un objet qui symbolise le foyer, en conscience et avec engagement. Ils se chargeront de vos bénédictions et en seront un support que chacun placera où bon lui semble pour les laisser se diffuser au quotidien. Puis chacun formule une bénédiction au présent, comme pour nourrir le cœur de ce cercle, du foyer.

« Mon foyer est baigné d'amour. Mon foyer fait grandir la joie chaque seconde. Mon foyer offre sa protection à ma famille et à mes amis. Mon foyer alimente mes projets de ses énergies bénéfiques. Mon foyer m'apporte soutien au quotidien. Mon foyer est béni, en son cœur s'installe l'amour, l'abondance, la fortune, la santé, que toute personne qui pénètre ici soit protégée et bénie, qu'il en soit ainsi. »

Cette liste est à enrichir par vos propres bénédictions. Pour cette célébration, choisissez un moment propice en fonction des phases de Lune ou jours de la semaine et de leur symbolique.

L'ancrage, une assise indispensable

Une protection essentielle

En s'assurant un point d'appui solide sur la glace ou sur un rocher, l'alpiniste travaille à sa sécurité : il réalise un ancrage. Vous jetez l'ancre de votre bateau dans le port ? Vous le fixez à un endroit précis pour éviter qu'il ne prenne le large à la première tempête. Cette idée d'attache, d'établissement ferme et de fixation profonde illustre ce qu'est votre ancrage. Il est votre protection première, la condition essentielle pour être relié à vous-même, à la terre et au ciel, enraciné comme un arbre aux racines profondes et aux branches déployées. Les personnes que l'on dit « dans la lune » manquent la plupart du temps d'ancrage, comme celles qui ont plein d'idées, mais ne parviennent pas à les concrétiser, ou passent beaucoup de temps dans un monde imaginaire sans prendre pied dans le quotidien. Ces personnes-là reçoivent bien plus d'énergie cosmique que tellurique. Au contraire, un individu profondément ancré, mais non connecté au ciel sera probablement matérialiste à outrance. Être ancré est une question de juste équilibre entre les énergies telluriques et cosmiques ; quand il est présent, nous sommes pleinement ouverts à accueillir ce qui est bon pour nous. Dans votre pratique magique, il va vous permettre de garder les pieds sur terre, de rester concentré sur votre intention et sur ce que vous faites, sans laisser votre esprit être impacté par des pensées parasites ou des interférences énergétiques, tout en étant connecté au monde qui vous entoure et aux plans subtils. Situé au niveau du périnée, le chakra racine est celui qui rend possible notre connexion à la terre.

Être ancré permet :

- de revenir facilement à soi ;
- d'être présent à soi-même, attentif au monde ;
- d'être en bonne santé ;
- d'agir de manière éclairée et lucide ;
- de faire preuve de discernement ;
- de concrétiser les projets ;
- de développer la confiance en soi ;
- de se sentir en sécurité sur tous les plans ;
- d'être à sa juste place ;
- de développer une plus grande résilience ;
- d'être émotionnellement stable au quotidien et dans les périodes de turbulences ;
- d'affiner l'intuition.

Comment cultiver son ancrage ?

Il se travaille au quotidien, en privilégiant une alimentation saine et dans des activités simples à mettre en œuvre. Plus vous vous entraînerez, plus cela sera facile pour vous et plus vous serez durablement ancré. Tout ce qui est relié à la nature favorise l'ancrage : marcher dans la nature, marcher pieds nus, passer du temps avec les animaux, jardiner. Ce qui est en lien avec le corps a le même effet : danser, chanter, exercer un sport, un art martial, du yoga, du qi gong ou du tai chi. Riez, serrez ceux que vous aimez dans vos bras, massez vos pieds, pratiquez la relaxation et amusez-vous !

Visualisation express

Fermez les yeux, faites trois grandes respirations et voyez-vous comme un arbre. Comment est-il ? Quelle est sa taille ? Quel genre d'essence est-ce ? Son tronc est-il large et solide ? En fonction de ce que vous visualisez, augmentez ses dimensions si besoin, élargissez les racines et faites-les plonger plus profondément et solidement dans le sol, en passant par toutes les couches de ce sous-sol, jusqu'à les enraciner au centre de la Terre. S'il y a des cailloux qui freinent leur progression, faites-les disparaître par une simple intention ou contournez-les. Quand vos racines sont bien déployées, voyez l'énergie vitale, l'énergie de la terre, remonter jusqu'à vous pour vous nourrir. Puis agrandissez vos branches, déployez-les, comme si vous vouliez qu'elles captent le plus de lumière possible venant du ciel, sentez l'énergie cosmique descendre jusqu'au cœur, où elle rencontre l'énergie tellurique.

Sentez la force de votre ancrage.

Les coups de pouce

Huile essentielle de l'ancrage par excellence, le vétiver est une plante exotique aux racines très résistantes pouvant aller jusqu'à trois mètres de profondeur. Massez la plante de vos pieds avec une goutte de vétiver dans une noisette d'huile végétale pour vous sentir ancré physiquement et mentalement dans l'instant présent. Vous manquez de concentration, vous ressassez, le stress prend le dessus ou vous êtes ébranlé par un choc ? Les huiles essentielles de nard, de patchouli et de cèdre favorisent la capacité à être dans l'ici et maintenant. En massage (diluées dans une huile), en olfaction ou diffusion, elles sauront vous ramener dans le corps en douceur grâce à leurs propriétés et leur odeur terreuse.

Les cristaux qui ont une action sur le premier chakra et les chakras souterrains, comme l'hématite, la magnétite, la galène, le bois silicifié ou bois fossile, la tourmaline, le jaspe rouge, le grenat, la staurolite ou le quartz fumé soutiennent également votre ancrage.

Rencontre avec les arbres

La sylvothérapie consiste à rééquilibrer l'organisme, au niveau physique, émotionnel, mental et énergétique. Cet outil part du principe qu'il est bénéfique pour notre santé et notre bien-être de passer du temps en forêt, en compagnie et au contact des arbres. Par leur simple présence, vous pouvez travailler votre ancrage et votre résilience, vous ouvrir et déployer ce qu'il y a de meilleur en vous. Cette méthode permet également de diminuer l'anxiété, de renforcer le système immunitaire, de lutter contre la dépression, d'avoir une meilleure pression artérielle, et de booster l'énergie. Pour expérimenter le pouvoir de la sylvothérapie, je vous invite à vous rendre près d'un arbre, en forêt ou dans un parc en fonction de votre environnement, à vous entraîner à percevoir son énergie et à recevoir ses bienfaits.

Choisissez de préférence un grand arbre pour ressentir plus facilement ses vibrations, un arbre qui vous attire. Par la pensée et en utilisant votre corps comme un pendule, demandez-lui la permission d'entrer en contact avec lui. Si la réponse est positive, rapprochez-vous petit à petit, à votre rythme. Sentez son aura, ce qui émane de lui. Puis posez votre main sur le tronc, votre front, accueillez ce qui se présente, fermez les yeux et sentez ce qui se passe dans votre corps, sentez son écorce, son odeur. Restez un instant ainsi. Quand vous êtes prêt, enlacez le tronc et laissez le calme s'installer dans votre tête, votre respiration se faire plus ample. Portez votre attention sur vos ressentis corporels. Que se passe-t-il au niveau de votre buste ? De votre poitrine ? De vos jambes et de vos pieds ? De votre tête ? Il ne s'agit pas seulement de toucher l'arbre, mais de vous laisser toucher par son énergie et ce qui vous traverse. Prenez autant de temps que vous en avez envie. Vous pouvez demander à l'arbre de nettoyer vos chakras, puis de les recharger. Vous pourrez peut-être ressentir vos chakras supérieurs et souterrains grâce à la puissance de cet exercice d'ancrage. Pensez à remercier l'arbre et à sortir de son énergie de la même manière que vous y être entré.

Entretenir son royaume

Pour enrichir la magie au quotidien, dans un équilibre entre le donner et le recevoir, où chacun est à sa juste place, il est essentiel de rester à l'écoute de soi, de l'environnement de vie, du foyer lui-même pour écouter les battements de son cœur. Cette qualité de présence passe par un ancrage sans cesse renforcé, qui offre la lucidité et l'alignement nécessaires à des postures et des choix responsables, assumés, incarnés. Le questionnement, la remise en question et l'observation favorisent un cheminement personnel riche de découvertes empli de gratitude et de douceur, puissantes alliées des hautes vibrations. Porté par l'énergie d'amour et d'harmonie qui circule dans votre espace sacré, vos connaissances en géobiologie, les rituels et les outils abordés, je vous invite maintenant à explorer de nouvelles clefs pour entretenir votre royaume grâce à la magie afin que cet espace reste sain, propice à accueillir les cadeaux de la vie et vous propulse vers la meilleure version de vous-même, vers votre accomplissement et votre épanouissement.

2 Nettoyez et purifiez VOTRE FOYER GRÂCE À LA MAGIE

« Mon cerveau n'est qu'un récepteur, dans l'Univers il y a un cœur duquel on obtient la connaissance, la force et l'inspiration.

Je n'ai pas pénétré dans les secrets de ce cœur, mais je sais qu'il existe. »

Nikola Tesla

Répandu dans la plupart des cultures, l'acte de purifier et de nettoyer est pratiqué pour établir et maintenir des vibrations élevées, porteuses de forces bénéfiques au quotidien. La fumigation, l'utilisation de sel, de sons, d'intentions et de bons ustensiles de ménage sont à la base de ce nettoyage qui va rendre l'espace plus clair.

Un lieu propre est rempli de vitalité, il réconforte, génère des émotions positives, offre un sommeil réparateur et des échanges riches. Il est primordial d'être dans des dispositions adaptées pour commencer ces travaux magiques plus poussés. Chargé émotionnellement et énergétiquement par le vécu des habitants, les événements qui s'y déroulent (ou s'y sont produits), la présence d'entités ou d'âmes non montées dans la lumière, votre foyer s'imprègne de ces informations et il est nécessaire de le nettoyer périodiquement pour conserver et améliorer son rayonnement. Comme un individu, il a besoin de cet entretien régulier afin de remplir son rôle de protecteur, d'être aligné avec votre personne et de vous recharger quand vous le souhaitez. Grâce au phénomène de résonance, agir sur votre chez-vous va agir directement sur vous, vos résistances, vos projets et votre état de santé.

Être créateur et responsable de sa réalité

Intention et centrage

Loin d'être un simple vœu énoncé et déposé dans l'univers de manière désinvolte, l'intention implique une action, une mise en mouvement vers l'atteinte d'un but ou la réalisation d'un objectif. Elle comprend l'identification claire des besoins, des envies et souhaits, la formulation et la prise de décision qui en découle. Ce processus global nous permet d'être pleinement conscients et créateurs de notre vie, tant dans les positionnements intérieurs qu'il nous demande que dans les changements qu'il engage. C'est tout notre être qui se transforme en contactant le pouvoir de l'intention : nous apprenons à nous faire confiance, à choisir d'avancer vers un mieux-être en nous connectant à ce qui nous environne et en acceptant de recevoir le meilleur.

Dans le tumulte de la vie, il est nécessaire de faire un pas de côté pour prendre un temps de pause, retrouver le calme et songer à ce que vous souhaitez vraiment. Vous offrir cet espace entraîne peut-être des contraintes d'emploi du temps, des frustrations si vous aviez prévu de faire autre chose, des remarques de l'entourage, mais peu importe : investir du temps dans vos réflexions est un engagement fort que vous prenez envers vous pour travailler à votre bonheur. Personne ne le fera à votre place. Tout ce que vous ferez germer au quotidien en conscience mènera à la concrétisation de vos projets et à une vie magique.

La première étape pour y accéder consiste à identifier vos besoins. Quels sont-ils ? Que voulez-vous recevoir ? Que souhaitez-vous mettre en œuvre pour évoluer ? Pour quelles raisons profondes décidez-vous de le faire ? Que choisissez-vous d'établir pour vous et pour vos proches ?

Définir les intentions permet de rester centré, de revenir au présent pour agir dans l'instant. Ce n'est pas en songeant à ce qui aurait dû ou pu être fait par le passé ni en imaginant ce qui pourrait être fait dans le futur que vous avez du pouvoir. Votre pouvoir réside dans cet instant présent. Ici et maintenant, que faites-vous pour votre bien-être et celui de votre famille ?

Le matin au réveil, affirmez vos intentions, au présent, en fonction de vos priorités : Aujourd'hui, j'envoie le mail idéal qui correspond à cette offre d'emploi. Aujourd'hui, je prends le temps d'observer comment je me sens avant de répondre aux sollicitations extérieures. Aujourd'hui, je cuisine en conscience et avec amour. Cela peut être bien plus précis, vos intentions vous sont propres, vous seul savez comment les formuler et vous en imprégner pour les faire advenir. Il en va de même pour vos rituels, que ce soit pour la purification et le nettoyage de votre foyer ou toute autre pratique ésotérique : définissez les raisons pour lesquelles vous souhaitez les réaliser. Quelles sont vos intentions ? Quelles émotions se cachent derrière ? Assurez-vous toujours qu'elles soient justes.

J'aime me répéter cette citation de Nicolas Boileau[2] : « Ce qui se conçoit bien s'énonce clairement, et les mots pour le dire viennent aisément. » Si ma pensée n'est pas limpide, alors ce que je mets en place sera brouillon et ne fonctionnera pas de manière optimale. En revanche, si mes idées et intentions sont claires et précises, que je sais ce que je veux et pourquoi je le veux, alors tout est fluide et la magie se met en mouvement.

Gardez à l'esprit que nous faisons partie d'un tout, que nous sommes incarnés ici, au cœur de notre environnement, entourés de nos proches, de nos relations sociales, de la nature et des autres êtres vivants. Même quand vous posez vos intentions et avancez sur votre chemin, restez connecté, élargissez votre regard, observez ce qui se passe autour de vous, des situations qui évoluent aux rencontres qui se font, en passant par les messages que vous recevez.

La pensée créatrice

Vous êtes créateur de votre réalité, par vos paroles, vos pensées, vos actes et votre comportement. Le résultat de vos actions peut être immédiat et prendre forme rapidement dans la matière. En revanche, il se peut que le fruit de vos pensées, immatérielles, prenne plus de temps à se faire matière. Une fois que vous avez posé vos intentions, laissez le temps à l'énergie que vous avez vibrée de s'infuser, de trouver son chemin. La persévérance, la patience et la confiance sont des clefs de réussite : ne relâchez pas vos efforts ou votre concentration. Soyez simplement détaché du résultat afin de ne pas faire peser le poids de l'importance, souvent défavorable, sur votre intention. Ce qui doit se créer se crée au meilleur moment pour vous.

2. Nicolas Boileau, poète, écrivain et critique français, né en 1636, mort en 1711.

En étant fidèles à ce que nous souhaitons pour nous, nos pensées s'alignent avec qui nous sommes et réciproquement. En ayant confiance en elles et en nous, en y croyant sans qu'aucune place ne soit laissée au doute, elles se réalisent déjà. Nourrissent-elles vos desseins les plus élevés ? Vous font-elles grandir et progresser ? Vous donnent-elles envie d'accomplir vos projets ? Vous donnent-elles un sentiment de confort de votre âme ? Si la réponse est oui, continuez à les chouchouter. Si ce n'est pas le cas, identifiez ce qui bloque. Est-ce leur nature ? Des mécanismes de résistance ou des croyances limitantes qui sont à l'œuvre ? L'influence du monde extérieur qui les teinte ? Lorsque vous avez les réponses à ces questions, vous y voyez déjà plus clair et savez comment modifier vos pensées pour les mener dans une direction favorable.

Chaque chose en son temps

La réflexion précède l'action. Clarifiez vos idées et notez-les. Élaborez votre rituel et pensez à ses répercussions possibles, vérifiez qu'elles soient justes. Laissez à l'énergie le temps de se densifier pour prendre effet dans la matière. Lâcher prise sur le résultat. Faites le point quelques semaines après pour constater les évolutions.

Augmenter ses fréquences

Que ce soit dans le cadre de pratiques magiques, pour pouvoir interagir avec des plans plus subtils, ou tout bonnement au quotidien, veiller à entretenir des fréquences vibratoires hautes est indispensable pour rester en bonne santé, renforcer le système immunitaire, se protéger des maladies : vivre mieux tout simplement. C'est compter sans la fameuse loi d'attraction qui permet d'attirer à vous ce que vous vibrez. Maintenez votre taux vibratoire élevé et vous manifesterez plus facilement des situations favorables à votre épanouissement, à votre développement, à votre évolution et à votre être tout entier.

Pour cela : privilégiez les aliments non transformés, locaux, qui vibreront bien mieux que les plats préparés vendus en supermarché, cultivez les pensées positives, l'amour, la bienveillance, la joie, la compassion et la gratitude, toutes les émotions qui sont bénéfiques pour vous, accordez-vous du temps dans la nature, prenez soin de votre corps et de vous à tous les niveaux, du physique à l'énergétique en passant par l'émotionnel, adoptez au quotidien des postures, des comportements en accord avec la personne que vous êtes, appliquez-vous à méditer et travaillez votre ancrage. Augmenter vos fréquences est une chose, conserver leur qualité et leur intensité dans le temps en est une autre. Il s'agit là d'un effort quotidien, d'un choix de chaque instant, qui se métamorphose en habitude au fil de la pratique, pour le meilleur.

Invoquer les énergies lumineuses

De la même manière que vous n'invitez pas dans votre intimité des inconnus et que vous n'ouvrez pas votre porte à des personnes qui vous veulent du mal, soyez vigilant quant aux énergies que vous invoquez et sachez à qui vous vous adressez. Le terme « énergies lumineuses » regroupe avec concision des énergies en lien avec des émotions positives, comme l'amour, la joie ou l'espoir, agréables à ressentir. L'énergétique n'est pas une simple question d'ombre et de lumière, les nuances existantes sont plus vastes. Nos zones d'ombre ne demandent qu'à être mises en lumière, explorées, regardées, parcourues, car en nous tout ne fait qu'un. En revanche, faire appel aux forces sombres, obscures, est une autre histoire. Elles se nourrissent des émotions, comme la peur, la colère, la jalousie ou la culpabilité, et sont des forces destructrices. Elles sont involutives, contrairement aux forces évolutives évoquées précédemment. Dans votre pratique de la magie, pour avancer vers le meilleur pour vous, invoquez les êtres de lumière, êtres qui vibrent d'un amour inconditionnel et qui sauront vous apporter leur aide et leur soutien dans ce que vous entreprenez.

Quelques conseils pour un bon nettoyage énergétique

Ces mots sont valables pour tout nettoyage, physique ou énergétique. Dans mon quotidien, les deux sont indissociables et font partie d'un tout, d'une cohérence globale dans ma manière de vivre.

- Nettoyez régulièrement.
- N'attendez pas que votre foyer soit sale.
- Prévoyez un moment où vous ne serez pas dérangé.
- Adaptez votre nettoyage à l'espace et au temps dont vous disposez. Rien ne sert de voir trop grand, soyez pragmatique et réaliste.
- N'entreprenez rien si vous êtes de mauvaise humeur. Allez plutôt vous ressourcer, méditer, marcher, ou pratiquer une activité qui vous fait du bien.
- Ne vous précipitez pas, chaque chose en son temps, écoutez votre rythme.
- Ne forcez rien, accueillez la fluidité et la douceur.
- Vérifiez toujours que vous soyez connecté aux énergies bénéfiques pour vous.
- Soyez attentif à vos ressentis physiques, émotionnels.
- Si vous éprouvez de la fatigue, faites une pause.

Ma pratique magique

Qu'allez-vous nettoyer ?

Prendre conscience de la nature des entités qui existent permet d'être mieux préparé, de prendre de la distance et de la confiance face à ce que vous allez nettoyer. Je rappelle que nous avons tous des capacités et des vocations différentes, tout le monde n'est pas énergéticien ou exorciste, pratiquer la magie à votre mesure est essentiel. Quand vous commencez quelque chose, allez au bout, aussi sûrement que si vous passiez un coup de balayette pour ramasser de petites poussières. Voici les grandes catégories que vous pouvez rencontrer lorsque vous nettoyez et purifiez un lieu.

- Les pensées négatives récurrentes et persistantes, sans cesse ressassées, sont déjà des formes d'entité appelée formes-pensées. Elles ont tôt ou tard un impact et des conséquences, entraînant blocages, difficultés, perte d'énergie ou maladies. S'attacher à repérer leur présence permet de les reconnaître pour cesser de les nourrir et s'en débarrasser avant qu'elles ne deviennent des croyances bien implantées, ne prennent plus d'importance ou soient la porte d'entrée à de plus lourds soucis. Vous êtes responsable de vos pensées et personne ne pourra les contrôler à votre place, les observer et les analyser pour les modifier si besoin demande un travail assidu qui porte rapidement ses fruits.
- Les égrégores sont comme des nuages énergétiques créés et alimentés par des pensées collectives. Lorsqu'elles sont positives, elles induisent des égrégores du même ordre, dans le cas contraire ils sont négatifs. Être en lien avec ces derniers réduit le libre arbitre, génère dans l'esprit une forme de brouillard qui pousse à s'identifier à eux. Tant qu'ils sont nourris par l'énergie de groupe, ils continuent d'exister. Plus ils sont nourris, plus ils grossissent et plus leur pouvoir d'influencer le monde, la société et les personnes est grand.

- Les entités sont des consciences autonomes non incarnées, dont la « forme », la taille, la nature peuvent être variées. Je préfère parler « d'entité » lorsqu'elle est neutre ou négative et de « présence » lorsqu'elle est bénéfique (les Êtres de Lumières, les Guides, les anges…). Les entités peuvent être d'origine démoniaque, extraterrestre… À retenir que ces entités se nourrissent de nos peurs, de nos colères, de nos émotions négatives. D'où l'importance de porter une attention particulière à la qualité de nos pensées et de ce qui circule en nous.
- Les larves, miasmes, parasites, peuvent se trouver dans les corps subtils d'une personne et ont, elles aussi, des formes variables.
- Les âmes errantes ou êtres désincarnés sont des défunts, personnes ou animaux, dont l'âme est restée comme accrochée à la Terre, elles ne sont pas montées dans la Lumière.
- Quand vous réalisez un nettoyage, vous agissez sur le plan physique et sur le plan subtil, sur vos champs énergétiques et éthériques, ainsi que ceux du foyer, qui a lui aussi comme une aura.
- S'ajoutent entre autres à cette liste des mémoires parfois encore incrustées dans les murs.

Le moment idéal

Le moment approprié est celui que vous avez choisi, qui vous fait envie, où vous sentez que c'est ici et maintenant que ça se passe, et où aucun doute ne vient troubler vos certitudes. Plus c'est simple, mieux c'est ! Pour le jour, l'heure, le mois, faites confiance à votre intuition. Vous avez déjà remarqué que certaines périodes se prêtent plus au nettoyage, comme le printemps, saison où nous laissons plus facilement partir les énergies anciennes, afin de faire peau neuve et inviter le renouveau chez nous. De la même manière, certains jours de la semaine vous sembleront plus opportuns pour ce nettoyage, en fonction des planètes ou des divinités avec lesquelles ils sont en lien. Par exemple, si vous vous sentez profondément relié à la Lune, le lundi peut être votre jour de prédilection pour réaliser ce nettoyage, alors que si vous préférez vous mettre en lien avec la force solaire, le dimanche, *sun-day*, sera idéal. Rien n'est figé, soyez souple sur votre pratique, elle n'en sera que plus agréable et efficace.

Des occasions particulières peuvent également appeler un nettoyage : si une dispute a éclaté dans votre foyer, dans votre chambre, ou dans une pièce spécifique, cela peut être une bonne idée d'utiliser de l'encens, d'observer avec objectivité les énergies pour les rééquilibrer si nécessaire.

Si vous ou l'un de vos proches avez été souffrant, purifier la maison permettra de remettre en circulation les énergies, d'évacuer celles qui stagnent, de transmuter celles en lien avec la maladie, pour inviter les forces de vie et de santé à s'installer à nouveau à vos côtés.

Du physique à l'invisible

Procéder par ordre, ne sortez pas toutes vos bougies et vos encens pour faire un nettoyage énergétique alors qu'il y a deux centimètres de poussière sur le sol ! Commencez par le physique, et allez progressivement vers un nettoyage des énergies subtiles. Pragmatisme et bon sens sont des alliés de taille qu'il est nécessaire d'avoir à vos côtés, quoi que vous fassiez.

Adaptez votre planning de ménage à vos besoins, à vos envies et à votre foyer.

Inutile de tout nettoyer de fond en comble chaque jour, établissez avec vos proches une liste de choses qui comptent pour vous. Si vous préférez épousseter les toiles d'araignées plutôt que les plinthes, passer le balai plus souvent que l'aspirateur. Mettez au point un planning type (quotidien, hebdomadaire, mensuel…) pour définir la fréquence des tâches à accomplir : chacun y verra plus clair et saura de quelle manière il peut contribuer à l'équilibre. Si vous vivez en famille, il est important que vous ne soyez pas le ou la seule à porter la question du ménage sur vos épaules.

Comment nettoyer efficacement ?

S'adresser à sa maison

Avant de commencer, entrez en contact avec votre foyer. Sentez votre ancrage (voir page 62), vos pieds bien plantés dans le sol, et élargissez votre pilier d'ancrage. Mettez-vous en lien avec le Grand Tout, avec l'Univers, avec votre Source Divine d'Amour et de Lumière, choisissez la formule qui vous convient et résonne en vous. Connectez-vous à votre âme, à votre Âme supérieure, et centrez-vous dans votre cœur. Utilisez votre respiration pour répandre et installer le calme et le silence à l'intérieur de votre corps. Quand vous sentez que vous êtes prêt, adressez-vous directement à votre lieu de vie. Que ce soit à haute voix, dans votre tête, grâce à des images ou des sons, laissez parler votre cœur. Informez votre chez-vous que vous allez le nettoyer, pour son bien, celui de ses habitants et le vôtre, à votre mesure, demandez-lui son soutien et son aide durant tout le processus. Remerciez-le.

Si vous êtes à court d'inspiration, vous pouvez utiliser ces mots :

« Cher foyer, je vais te nettoyer ici et maintenant, pour mon bien le plus élevé et celui de mes proches, je te remercie pour ton aide et ton soutien, ainsi que pour ta présence à mes côtés. Merci de me permettre de nettoyer ce qui a besoin de l'être, si c'est juste et bon pour toi, mes proches et moi. Merci de défaire toute parole ou tout acte qui serait injuste ici et maintenant. Merci infiniment pour ton intervention lumineuse. »

Un bon coup de balai

Balai, serpillère, chiffons, seau et une bonne huile de coude, voilà la liste du matériel nécessaire ! Vous n'avez pas non plus besoin d'un nombre infini de produits d'entretien. Privilégiez les produits naturels, comme le vinaigre blanc, le bicarbonate de soude et le citron, respectueux de l'environnement et non toxiques. Commencez par passer le balai, la serpillère, n'oubliez pas les angles et le dessous des meubles. Si vous approchez d'un coin et que vous vous dites « inutile, je ne viens jamais ici, ça ne peut pas être sale », c'est une excellente raison pour vous attarder sur cet espace délaissé ! Les énergies stagnantes adorent ces endroits où elles savent qu'elles ne seront pas dérangées. Ne les laissez pas prendre de mauvaises habitudes !

Recette minute

Une envie subite de passer la serpillère ? Versez deux cuillères à soupe de savon noir et une demi-tasse de vinaigre blanc dans un grand seau d'eau chaude, mélangez et le tour est joué ! Vous pouvez ajouter deux gouttes d'huile essentielle de lavande pour donner une délicieuse odeur à votre préparation.

Vérifier les champs électromagnétiques

Coupez le courant au niveau du disjoncteur du tableau électrique de l'habitation et resserrez les cosses, ou demandez à une personne compétente de le faire. Ceci est primordial si vous voulez vous sentir bien dans votre maison. Si elles sont mal vissées, votre foyer ne sera pas relié correctement à la terre. C'est une des premières causes de nuisance électromagnétique, qui peut chambouler votre quotidien et créer de profonds déséquilibres. Débranchez tous les appareils que vous n'utilisez pas : même en veille, ils continuent de diffuser des ondes. Faites appel à un géobiologue pour qu'il mesure les fréquences électriques et magnétiques, et envisage avec vous une solution aux différents problèmes.

Nettoyer les objets chargés

Un meuble et un vêtement achetés sur une brocante ou sur un vide-greniers, la bague héritée d'une arrière-arrière-grand-mère, des livres donnés par une voisine qui déménage... Autant d'objets plus ou moins chargés de l'énergie de leur ancien propriétaire que vous devez nettoyer pour que leur charge énergétique soit la plus neutre possible et qu'il n'y ait aucune interférence dans votre vie.

Passez un coup de chiffon sur les meubles, lavez les vêtements et étendez-les au soleil, avec les petits éléments acquis. La lumière du soleil, son énergie, ses rayonnements vont les purifier. Pour les bijoux, préparez dans un bol en bois une pâte à base d'eau et d'argile. Mélangez avec une cuillère en bois. Accrochez un fil au bijou (cela fonctionne avec l'argent et l'or également), immergez-le dans la mixture quarante-huit à soixante-douze heures. Tirez le fil pour récupérer le bijou (cela vous évitera de trop toucher la pâte chargée), puis rincez-le. Jetez la pâte à la poubelle et demandez que ses énergies soient transmutées en énergie d'Amour et de Lumière ici et maintenant, définitivement et pour toujours. Ainsi, elles ne pollueront pas le container du quartier et les personnes qui entreraient à son contact dans la chaîne du tri. Votre bijou sera déchargé grâce au pouvoir purifiant de l'argile.

Pour les meubles : collez avec du scotch l'extrémité d'un fil de laine rouge de vingt centimètres sur le meuble, prenez des ciseaux, tenez l'autre extrémité dans la main, coupez en posant l'intention de dissoudre tous les liens entre le meuble et son ancien propriétaire, sa précédente vie.

Nettoyage rapide d'un lieu

La technique du mur de lumière mise au point par Luc Bodin est réputée pour son efficacité pour un nettoyage rapide dans un lieu qui est modérément pollué. Dos au mur, à une extrémité de la pièce, tendez les bras de chaque côté de votre corps, paumes vers l'avant. Visualisez un mur de lumière que vous allez pousser avec vos mains, sa surface s'étend du sol au plafond et d'un mur à l'autre. Demandez mentalement que ce mur ramasse, supprime et transmute en énergie de lumière toutes les entités et énergies négatives, nuisibles et perturbatrices de la pièce. En restant bien concentré, avancez lentement jusqu'au mur opposé.

Nettoyer le paranormal par la fumigation

Ce procédé consiste à faire brûler des plantes médicinales ou des encens afin de profiter de leurs vertus. Il permet de disperser, dissoudre, purifier et nettoyer les énergies d'un lieu, d'une personne, ou d'un objet. Les propriétés des plantes, sous leur forme de racines, d'écorces, de résines ou de parties aériennes (fleurs, graines...), se manifestent sur le plan thérapeutique, physique, mental, et magique. L'usage de la fumigation, fortement ancré dans les traditions ancestrales, quel que soit le continent, est réputé pour chasser la maladie, accompagner les rites d'initiation, honorer et remercier les divinités, communiquer avec les esprits, accéder à d'autres niveaux de conscience et consacrer des objets magiques. La fumigation peut répondre à la fois à une nécessité de nettoyage si les énergies sont stagnantes ou néfastes, comme une solution à un problème, et être effectuée en prévention pour préparer un espace de travail, une salle de soin, et créer une dynamique adéquate.

Fabriquez vos propres bâtons de fumigation, vos encens et vos mélanges, ou achetez-les dans des magasins spécialisés qui vendront des produits de qualité respectueux de l'environnement, aux compositions naturelles et biologiques, et de votre corps : la fumée de mauvaises résines peut s'avérer toxique pour vos poumons.

Comme lors de toute purification, centrez-vous dans le cœur, formulez une intention ferme et claire de nettoyer le lieu. Cela fonctionne également pour vous nettoyer vous ou une autre personne. Vous aurez besoin d'un brûle-encens, d'un charbon, d'une pince pour ne pas vous brûler, d'une allumette ou d'une bougie. Allumez le charbon en le tenant dans la pince, sa chaleur va augmenter rapidement. Mettez-le dans le brûle-encens, puis déposez les feuilles, herbes ou résines que vous avez choisies. Si vous utilisez un bâton de plantes séchées, enflammez l'extrémité à l'aide d'une bougie. Agitez-le légèrement pour éteindre la flamme et récupérer les cendres avec un petit récipient résistant à la chaleur que vous garderez à portée de main. Déplacez-vous dans l'espace, passez dans les angles, faites le tour des pièces. S'il s'agit du nettoyage d'une personne, tournez autour d'elle avec le bâton de fumigation, en spirales, des pieds à la tête. Sentez les propriétés des plantes se mettre en action.

Puis, lorsque vous avez la sensation que le travail est terminé (cela peut prendre de quelques minutes à une heure en fonction des charges ou énergies à nettoyer), aérez pour évacuer la fumée.

Quelques règles à observer :

- Ne pratiquez pas la fumigation en présence d'enfants, de femmes enceintes, de personnes âgées ou ayant des problèmes respiratoires, d'animaux.
- Utilisez uniquement des plantes que vous avez identifiées avec certitude.
- Aérez les pièces rapidement après avoir circulé avec votre bâton de fumigation ou votre encens, créez des courants d'air pour que la fumée se disperse.
- Surveillez toujours vos fumigations lorsqu'elles se consument, ne les approchez pas de matières inflammables et éteignez-les si vous quittez le lieu : écrasez le bout de votre bâtonnet d'encens ou de votre bâton de fumigation dans un récipient résistant à la chaleur, ou contenant un peu de sable ou de terre.
- Conservez vos encens, bâtons, résines, dans un endroit sec et à l'abri de la lumière.

Si vous n'avez pas d'encens chez vous et malgré tout besoin d'un nettoyage, voici une technique simple à mettre en pratique. Elle a cependant ses limites si votre lieu est vraiment très pollué. Dans tous les cas, vous tourner vers un professionnel peut faire le plus grand bien à votre foyer, ne prenez pas de risques si vous n'êtes pas apte à réaliser ce nettoyage énergétique. Voici la technique en question : une fois que vous êtes centré en vous et dans votre cœur, empli d'une puissante énergie d'amour, bien ancré, demandez aux anges chargés du nettoyage des lieux et à votre équipe de lumière de nettoyer et purifier toutes les vibrations de votre foyer, que toute énergie négative, entité, événement, mémoire, soit supprimé de notre Terre, et transmuté en énergie d'amour et de lumière.

Les résines et encens qui décapent

Le benjoin de Sumatra, le camphre, l'ammoniaque, la rue et l'asa foetida sont très efficaces pour le nettoyage et la purification des lieux, chacun a ses propriétés spécifiques. Toutes les résines et les plantes n'agissent pas de la même manière et ont des effets différents sur les entités, les charges ou les énergies résiduelles. Le temps qu'elles mettent à purifier est lui aussi variable, de dix minutes à une heure. L'association de plusieurs résines pour fabriquer des mélanges est une affaire sérieuse, certaines se marient bien, d'autres ne sont pas compatibles. L'encens de Jérusalem et l'encens pontifical sont des mélanges déjà préparés que vous pouvez acheter en magasin.

Voûte de lumière

Pour renforcer l'énergie du lieu et filtrer ce qui arrive, vous pouvez installer par la pensée deux voûtes de lumière, une au-dessus et une en dessous de votre foyer. Visualisez-les comme d'épaisses voûtes lumineuses, brillantes, qui laissent bien passer les énergies telluriques et cosmiques et filtrent ce qui est négatif pour votre bien-être et votre évolution. Demandez l'accord des personnes vivant sous le même toit avant de mettre en place ce dispositif.

« Je demande aux Guides de Lumière d'installer des voûtes de lumière si c'est juste et bon pour moi et les habitants, je demande qu'elles laissent passer uniquement ce qui est bénéfique à mon évolution, à celle des habitants et du foyer pour notre bien-être le plus élevé, en accord avec la totalité de nos êtres. Je vous remercie infiniment. »

Nettoyer son animal de compagnie

Vous sentez que votre animal n'est pas dans son état normal ou vous voulez lui offrir un moment de détente et de douceur ? Voici une belle occasion de vous essayer au magnétisme. Après avoir pris un temps pour installer le calme en vous, visualisez des gants lumineux que vous enfilez autour de vos mains. Ces gants transmutent en énergie de lumière tout ce qu'ils touchent, quel que soit le plan. Ils sont imperméables et se désagrègent sur demande dès que vous aurez terminé le soin. Approchez vos mains de votre animal de compagnie, avec beaucoup de douceur. Arrivé à environ cinq centimètres de son corps, sentez l'énergie se densifier, vous percevez là son corps éthérique. Connecté à votre intuition, à vos guides, demandez que les mouvements de vos mains soient dirigés pour le bien-être le plus élevé de votre animal, laissez-les bouger, faire des gestes, brosser l'invisible, caresser différentes zones, poursuivez l'opération le temps nécessaire. Soyez à l'écoute de ses réactions et de vos ressentis. Une fois que vous avez la sensation d'avoir terminé, retirez les gants magiques, et demandez qu'ils soient transmutés à leur tour. Lavez-vous les mains pour marquer la fin de ce soin.

Nettoyer les extérieurs

Que vous ayez un jardin ou un balcon, la purification des extérieurs permet de redynamiser ces espaces en leur offrant un nouvel éclat. Demandez aux forces du jardin, aux esprits de la nature, de mettre en œuvre la purification du lieu et demandez à être guidé pour faire ce qui est bon pour lui. Il se peut que des informations vous viennent sous forme d'images, de sons ou de sensations. Si ce n'est pas le cas, votre observation, votre écoute et vos ressentis vous donneront d'excellents résultats. Un arbre aurait-il besoin d'être élagué pour mieux rayonner ? Des pierres ont-elles besoin d'être dressées pour rééquilibrer une zone particulière ? Vos plantes en pot sont-elles à leur aise dans un endroit et dans un contenant qui leur convient ? Toutes les actions que vous mettrez en place pour entretenir l'énergie du lieu sont bénéfiques. Petit à petit, semez des graines de contemplation et de gratitude, encouragez vos légumes à bien pousser, complimentez vos plantes pour leur beauté, parlez-leur et entretenez cette relation magique : d'une saison à l'autre, vous serez surpris par leur évolution.

Le son

Il disperse les basses vibrations et purifie l'espace. Les chants grégoriens, les mantras, la musique classique, le bol chantant, le tambour, les carillons sont des outils puissants aux hautes fréquences qui diffractent les mauvaises énergies et décristallisent ce qui est figé. Dans votre foyer, quand vous procédez au nettoyage par le son, placez-vous au centre de la pièce, puis longez les murs avec votre tambour ou votre carillon, insistez dans les coins où le son vous semble dissonant, comme plus lourd et plus dense, jusqu'à ce qu'il retrouve son éclat. Vous pouvez utiliser différents outils pour agir à différents niveaux. Si cela vous parle, chantez de manière intuitive pour un lieu, centré dans le cœur, en posant l'intention de le purifier, ressentez dans votre corps les énergies qui se libèrent et s'allègent au fur et à mesure.

Le sel

Très présent dans les rituels de purification, le sel (et plus particulièrement le gros sel) absorbe les énergies négatives. Remplissez quatre coupelles de gros sel et disposez-les dans les quatre angles de la maison ou d'une pièce si elle est très chargée. Vérifiez régulièrement la couleur du sel. S'il noircit, jetez-le dans les toilettes et tirez la chasse, il est temps de le remplacer. Si vous êtes nomade et vivez en véhicule aménagé, le sel peut également vous être d'une grande aide. Parfois, il arrive que vous vous trouviez sur un lieu peu accueillant, pressé par la nuit qui tombe ou le sommeil... Difficile alors de prendre le temps d'observer les alentours pour savoir si les énergies vous plaisent. Vous pouvez tracer un cercle de sel autour de votre véhicule. Ayez l'intention de créer un espace protecteur, vous serez ainsi protégé contre les indésirables. Le lendemain, remerciez le site pour son accueil, et continuez votre route !

Si vous êtes en petite forme, et que vous avez une baignoire, ajoutez du gros sel à l'eau de votre bain : résultat garanti ! Vous vous sentirez plus léger et mieux dans votre corps. Videz la baignoire en demandant que l'eau soit transmutée en énergie d'Amour et de Lumière. Vous êtes prêt pour une nouvelle journée ou une bonne nuit de sommeil !

Rappelez-vous que le sel se charge des énergies environnantes.

Les cadeaux des enfants en pâte à sel sont certes très touchants, mais à la longue, exposés dans votre chambre ou votre cuisine, ils se chargent et peuvent restituer des énergies négatives. Mieux vaut ne pas les conserver des années.

Les plantes

La magie de la nature est puissante, sauvage et laisse toute sa place à votre créativité. Que diriez-vous de prendre un bain de plantes pour vous purifier ? Habillez-vous en conséquence et sortez vous promener dans un lieu que vous affectionnez. Vous allez récolter, en conscience, des plantes qui vous inspirent, avec leur autorisation, et les ferez infuser dans un grand seau d'eau, de source si possible. Le principe est de réunir entre une et neuf plantes (feuilles, branches, fleurs…). Ne cherchez pas à vous renseigner sur leur symbolique, votre intuition constituera le mélange. Avant de commencer le rituel, recentrez-vous. La cueillette est un temps précieux pendant lequel vous serez en lien avec la nature, avec l'esprit des végétaux qui vous entourent. Laissez-vous guider vers une plante, vérifiez qu'elle ne soit pas toxique, expliquez-lui que vous confectionnez un bain de purification, demandez-lui la permission de la couper. Grâce à votre corps ou à vos facultés, entendez sa réponse. S'agit-il d'un oui ou d'un non ? Écoutez votre ressenti. Même si vous avez peu d'expérience, vous saurez sentir si la plante refuse de participer à votre rituel. Si elle vous donne son accord, cueillez-la délicatement ou coupez proprement un petit morceau de branche et remerciez en vous centrant dans votre cœur.

Une fois votre récolte faite, recouvrez les plantes d'eau, et laissez-les prendre le soleil quelques heures. Quand vous le souhaitez, enfilez un maillot de bain, ou votre plus belle tenue d'Ève ou d'Adam, posez l'intention de vous purifier, et versez le seau d'eau sur votre corps. Je vous conseille de le faire en deux ou trois fois. Si vous préférez, imbibez un gant de toilette et frictionnez votre peau avec douceur et tonicité. N'oubliez pas la plante des pieds !

La Lune

Elle influence vos propres cycles, votre quotidien et ce que vous entreprenez. Pour le foyer, ce corps céleste est aussi un soutien de taille. Faire un nettoyage à la nouvelle lune marquera en douceur et symboliquement un nouveau départ, comme si vous repartiez du bon pied après une période révolue. Posez une intention de libération.

Un nettoyage avant la pleine lune ou le jour même (avant qu'elle ne commence à décroître) aura un impact plus fort, comme si en décroissant, la Lune accompagnait avec puissance votre processus. Accrochez-vous, cela peut remuer !

L'eau

Depuis l'aube des temps, les différentes traditions et religions ont utilisé l'eau pour la purification. Eau salée, eau bénite, immersion dans les sources sacrées, bains de vapeur sèche ou humide, thermes, les possibilités d'avoir recours au pouvoir de ce puissant élément sont variées. Les bienfaits des eaux thermales sont reconnus, les guérisons physiques et psychiques sont de véritables miracles qui ponctuent l'Histoire. Aujourd'hui encore, de nombreuses personnes se rendent près de sources ou fontaines pour demander de l'aide. Sainte Énimie guérira les maladies de peau en Lozère, saint Aubin permettra de retrouver la vue (au sens propre ou figuré) en Auvergne, sainte Apolline soigne les maux de dents en Bretagne, chaque région, chaque pays a ses lieux sacrés. Renseignez-vous pour savoir lequel d'entre eux se situe dans les environs de votre foyer. Vous pourrez peut-être aller remplir quelques bidons pour consacrer votre eau et l'utiliser au quotidien.

La magie de l'eau peut vous accompagner dans vos rituels de purification.

Pour vous nettoyer après une grosse journée, un événement difficile, ou dès que vous en ressentez le besoin, prenez une douche. Allumez une bougie blanche, respirez profondément, prenez ce temps pour vous. Sentez l'eau couler sur votre peau, sur chaque partie de votre corps, visualisez une couleur dorée, lumineuse, elle emporte avec elle tout ce qui ne vous appartient pas, tout ce dont vous n'avez plus besoin, tout ce qui vous alourdit et vous rend soucieux. Visualisez que tout ceci coule du sommet de votre tête jusqu'à vos pieds, et s'évacue par la bonde, maintenez la visualisation jusqu'à sentir votre respiration devenir plus ample. Remerciez l'eau pour sa purification de votre être.

Les Guides de Lumière

Êtres spirituels non incarnés formés de hautes vibrations et d'un amour inconditionnel, nos Guides font partie de notre équipe de Lumière. Il me semble difficile de mettre en mots cette énergie si vaste que le langage humain peut avoir du mal à décrire, à cerner et à imaginer. Toujours à nos côtés, ils nous accompagnent tout au long de notre vie et veillent sur nous. Je crois qu'ils respectent notre libre arbitre, nos choix, et ne sont là ni pour nous dicter une conduite à suivre ni prendre des décisions à notre place. En revanche, si nous leur demandons de l'aide, que nous sommes prêts à la recevoir, ils seront ravis de nous l'apporter, à leur mesure, à notre mesure. S'ils sont une part de notre âme, alors ils nous offrent le reflet des réponses que nous détenons déjà, comme un écho de nos guidances intérieures. Peut-être est-ce plus facile pour nous d'imaginer qu'ils sont autres, indépendants de notre essence. Je ne sais s'ils sont des présences extérieures, des fragments non incarnés de notre partie divine ou des ancêtres qui nous guident, je ne connais pas exactement leur nature, mais une chose est certaine : j'aime faire appel à eux, leur formuler des demandes et sentir qu'ils sont bien là, à mes côtés, dans mon quotidien et mes pratiques spirituelles. Ces êtres vibratoires m'apportent soutien et travaillent avec moi lorsque j'effectue des nettoyages énergétiques. Pour nettoyer votre foyer, vous pouvez vous adresser à eux, en éprouvant leur présence bienveillante à vos côtés : « Je prie mes guides de Lumière de nettoyer et purifier les vibrations de ma maison, ici et maintenant, de l'inonder de Lumière et d'Amour. Qu'il en soit ainsi. »

Sorts de protection

Une intention claire

Comme dans toute pratique magique, vos demandes doivent être formulées sans équivoque, avec fermeté et détermination. Agissez en conscience, après avoir identifié vos besoins, avec conviction et en toute simplicité, soyez clair et précis. Augmenter votre taux vibratoire est un moyen simple de vous assurer une protection au quotidien, comme le fait de rester confiant, dans l'amour et la compassion.

Osez demander une protection si vous en ressentez le besoin.

Pour de nombreuses personnes, demander est impoli ou déplacé. Comme si nous devions nous contenter de ce qui arrive, et comme si nous pouvions recevoir ce que nous attendons sans en faire la demande, en comptant simplement sur la compréhension de l'autre, que l'on imagine deviner ce que nous traversons ou ce dont nous avons besoin.

En demandant, nous accordons nos fréquences à ce que nous souhaitons recevoir, nous vibrons en résonance avec cela, et par la loi d'attraction, nous l'attirons. Ainsi, en demandant, nous recevons.

Cela implique :

- de conscientiser, reconnaître et assumer l'objet de la demande (un besoin, une nécessité, etc.) ;
- de la formuler clairement ;
- d'identifier à qui elle s'adresse (le destinataire ou celui qui peut agir pour répondre à cette demande, notre inconscient, la Source, la Vie, les Guides…) ;
- de rester concentré, confiant et certain que cela va arriver ;
- d'accepter de recevoir et d'accueillir ce que nous avons demandé.

Pratiques et rituels magiques

Plutôt que de parler de sort, je préfère utiliser les mots « demande », « rituel » ou « pratique magique », mots porteurs d'une énergie de vie. Le sort implique, selon moi, une idée d'action malfaisante, nocive, qui n'est ni juste ni respectueuse, quelque chose qui fige un état, qui contraint l'énergie de vie et va à son encontre. En soins énergétiques, il est possible de déceler des sorts qui bloquent une personne, qu'il soit lancé dans cette vie ou des vies antérieures, sur des lignées entières, ou même des lieux : ils ne sont jamais bénéfiques. Pour supprimer l'action d'un tel sort, mieux vaut faire appel à un professionnel, car certains mécanismes prévoient une réactivation. Il est aussi nécessaire de les détruire et d'être assez expérimenté pour empêcher tout retour de désenvoûtement.

Les cristaux de protection

Vous pouvez faire appel aux cristaux de protection, souvent en lien avec l'ancrage. Voici certaines pierres, dont les propriétés pourront vous renforcer à différents niveaux. Il n'y a pas là de miracle, c'est à vous d'effectuer le travail d'ancrage.

Les pierres apportent leur soutien. Par exemple, si vous savez que passer du temps avec une certaine personne est néfaste pour vous, inutile de compter exclusivement sur la labradorite pour absorber ces énergies négatives. Prenez des dispositions pour ne plus fréquenter cette personne ou pour limiter les échanges.

- L'œil-de-tigre agit comme un bouclier défenseur qui renvoie les énergies négatives à celui qui les émet. Il protège du « mauvais œil », des sorts et chasse les mauvaises ondes du foyer.
- La tourmaline, pierre indispensable de la boîte à outils du lithothérapeute, protège contre les ondes et perturbations électromagnétiques et les énergies néfastes des personnes négatives qui gravitent parfois dans l'entourage.
- Appelée « pierre du thérapeute », la labradorite absorbe les énergies négatives, les dissout et fait l'effet d'un bouclier pour son utilisateur.
- L'obsidienne, noire, fumée ou œil céleste (la plus puissante) éloigne les énergies négatives et protège contre les influences néfastes.
- La stibine est une pierre de protection puissante contre les forces du mal, réservée aux utilisateurs avisés.
- Pierre d'enracinement, le quartz fumé dissipe la morosité, permet de lutter contre la dépression et chasse les idées noires.

Le pouvoir de la prière

Les prières, récitées ou écrites, portées sur soi ou encadrées et fixées dans le foyer, émettent de puissantes vibrations qui dispersent les énergies négatives et augmentent le taux vibratoire. Elles sont un moyen de communiquer avec le divin. Quelle que soit votre culture, que vous ayez une pratique religieuse ou non, ces deux prières vous feront ressentir une profonde sérénité et une ouverture de coeur apaisante.

Je vous salue Marie

Je vous salue Marie,
Pleine de grâce ;
Le Seigneur est avec vous.
Vous êtes bénie entre toutes les femmes
Et Jésus, le fruit de vos entrailles, est béni.
Sainte Marie, Mère de Dieu,
Priez pour nous, pauvres pécheurs,
Maintenant, et à l'heure de notre mort.
Amen.

Notre Père

Notre Père qui êtes aux cieux,
que votre nom soit sanctifié,
que votre règne vienne
que votre volonté soit faite
sur la terre comme au ciel.
Donnez-nous aujourd'hui notre pain de ce jour.
Pardonnez-nous nos offenses
comme nous pardonnons aussi
à ceux qui nous ont offensés,
et ne nous soumettez pas à la tentation,
mais délivrez-nous du mal.
Amen.

L'eau informée

Dans le chapitre « Les pouvoirs mystérieux de l'eau » (voir page 139), vous apprendrez à dynamiser, magnétiser et purifier l'eau. Effectuez ces opérations avant de poursuivre la lecture. Une fois que c'est fait, vous allez maintenant programmer l'eau pour lui donner des vertus protectrices. Choisissez de préférence de travailler avec une eau de source. Quand vous avez réalisé les étapes précédentes, que le taux vibratoire de votre eau est élevé, demandez-lui de vous protéger, vous et vos proches. Pour l'informer, positionnez vos mains de part et d'autre de la bouteille et sentez une puissante force de protection émaner de vos mains, venant directement des profondeurs de la Terre et de l'immensité du ciel, elle inonde votre eau et toutes ses molécules. Restez ainsi le temps nécessaire, vous saurez quand enlever vos mains. Transvasez le contenu dans un vaporisateur. Utilisez ce spray de protection lorsque vous en ressentez le besoin, dans votre maison ou en pulvérisation sur vos vêtements.

La protection du feu

Élément de purification, le feu est également un élément protecteur. Allumer une bougie revient à inviter le divin chez vous : accueillez-le avec reconnaissance. La flamme permet d'établir un contact avec ces forces bienveillantes à qui vous pouvez demander de protéger votre maison. Remerciez le feu pour le nettoyage et la purification des vibrations de la pièce, puis pour leur transmutation en énergie d'amour et de lumière.

La chaleur de la flamme apporte apaisement et réconfort.

S'il vous arrive de ressentir une présence peu rassurante, allumez une bougie, blanche ou colorée, puis, par la pensée, remettez votre peur au feu, il va la dissoudre et vous ressentirez un élan de confiance. Pensez à le remercier quand vous interagissez avec lui.

Protection pour les voyages

Lors d'un déplacement, quel que soit le mode de transport, vous pouvez invoquer le saint patron des voyageurs, des conducteurs et des porteurs. Sous la protection de saint Christophe, vous arriverez à destination dans les meilleures conditions. Voici la prière :

Saint Christophe, protégez-nous,

Saint Christophe, protégez-nous,

Saint Christophe, protégez-nous.

Porte blindée

Protéger votre porte d'entrée par des dispositifs magiques est un excellent moyen de garantir l'harmonie au foyer. Un talisman créé spécifiquement pour ce besoin contribuera à empêcher les énergies perturbatrices de pénétrer chez vous. Pour le fabriquer, mettez-vous en état de relaxation, imaginez-le, visualisez sa forme et sa force, sa composition, dessinez-le, prenez des notes et confectionnez-le selon vos envies. Utilisez les trésors de la nature (bois, coquillages, plumes...) ou du fil de laine, du tissu, des cristaux, des perles, de préférence des matériaux naturels. Une fois que vous l'avez réalisé, consacrez-le (voir page 138) en récitant trois fois cette prière :

« Cher Talisman, protège ma maison et tous ceux qui y demeurent : (nommer les habitants, vous compris), protège-le et protège-nous du mal, éloigne de ce foyer toutes les nuisances sous quelque forme que ce soit, en tout temps et tout espace, qu'elle que soit leur provenance et leur intention. Qu'il en soit ainsi. »

Vous pouvez maintenant le suspendre au-dessus de votre porte, à l'intérieur de votre foyer. Pensez à nettoyer régulièrement ce bouclier magique, avec de l'encens, par exemple.

Symboles de protection

Répandue depuis la nuit des temps, l'utilisation de symboles protecteurs permet de faire barrage aux influences néfastes, de dissuader, repousser ou éloigner les mauvais esprits et les énergies négatives, quelle que soit leur forme et leur origine.

Triskèle, main de Fatma, sceau de Salomon, amulette de Nazar, œil d'Horus, pentagramme, ou encore triquetra, je vous invite à tester au pendule ou avec votre corps ceux qui sont bénéfiques pour vous. Encore une fois, ce qui sera bon pour une personne ne le sera peut-être pas forcément pour vous, la protection est une affaire personnelle. Souvenez-vous que votre ancrage est votre meilleure protection, et qu'il est nécessaire de l'entretenir quotidiennement.

Selon votre culture, vous pourrez vous sentir protégé par un triskèle ou par la main de Fatma, chaque symbole vibre différemment pour chacun en fonction de la culture, des affinités spirituelles, du vécu et de tant d'autres paramètres. Ces symboles ont beaucoup été utilisés, certains remis au goût du jour en suivant les tendances ésotériques, parce que vendeurs, exhibés comme de simples produits de consommation déclinés de la tasse à café au paillasson, en passant par les sous-vêtements, d'autres pollués par les multiples usages qui en ont été faits, dans certains cas à mauvais escient. Il arrive que nous possédions un objet offert par une arrière-grand-mère et qui nous semblera plus protecteur que tout autre symbole connu. Je crois qu'il peut être réducteur de s'attacher à l'un d'eux en particulier, car parfois ils ne jouent qu'un rôle de béquille au mieux temporaire.

La meilleure protection consiste à trouver son centre, à le renforcer, à maintenir et développer son ancrage.

Probablement, les symboles réputés sont-ils encore efficaces dans une certaine mesure, mais comme toute bonne chose, ils ont pu être travestis et détournés. J'ai utilisé certains symboles de protection par le passé et aujourd'hui, il me semble plus juste d'écrire que s'en remettre à eux revient à s'en remettre à quelque chose d'extérieur, alors que nous avons cette force de protection en nous. Il s'agit d'identifier la nature de cet appui ou soutien dont nous avons besoin et de savoir quelles qualités on lui attribue, pour ensuite développer ces qualités-là en nous. Cela demande plus de travail, de discipline et de constance que de poser un objet sur notre table de nuit en espérant chasser les mauvais esprits. Ce système peut servir un temps et être salvateur, en revanche je ne crois pas que ce soit bénéfique d'entretenir ce lien. Les époques évoluent et s'attacher à des codes de l'ancien temps, qui correspondent à une période particulière et ont été créés dans un contexte spécifique par des civilisations distinctes semble incarner un refus partiel d'avancer à la vitesse qui est la nôtre ici et maintenant. De plus, un symbole, comme tout autre objet, se teinte : comme les pierres il se charge, comme les vêtements il se salit et aussi sacré soit-il, aussi parfaites soient sa géométrie et ses proportions, aussi savamment calculées soient son architecture et sa structure, il requiert un investissement de notre part pour le nettoyer, en prendre soin, être au clair avec cette protection et nos intentions dans son usage. Si vous êtes certain que porter un triskèle autour du cou vous protège, alors il vous protège, c'est la certitude de savoir que vous êtes protégé qui agit et augmente votre confiance en vous. Un symbole protecteur peut couper, enserrer, encercler ou isoler, alors que la protection nécessite souvent le lien d'amour, de sentir en nous l'unité avec les forces de vie plus que l'isolement. Se sentir uni à la force des éléments protège : le feu purifie, l'eau nettoie, l'air par le vent emporte avec lui le négatif, la terre absorbe et transmute et ces éléments n'ont pas besoin d'être figuratifs pour être protecteurs, ils sont, et leur essence leur confère cette force qui leur est propre.

Détail de taille

Lors de la réalisation de la géobiologie d'une maison avec mon conjoint, nous avons remarqué la présence d'un tableau qui interférait avec l'énergie des habitants, perturbait leur sommeil et faisait baisser le taux vibratoire du foyer. À la suite d'un premier nettoyage, l'atmosphère s'est allégée. Mais quelques jours après, les effets bénéfiques avaient disparu : c'était comme si nous n'avions rien fait. En prenant le temps d'approfondir nos recherches, il est apparu que le mieux était d'enlever ce tableau de la chambre et de s'en débarrasser tout simplement en le sortant de la maison. Le soir même, le couple retrouvait un sommeil paisible. Porteur d'énergies défavorables dues à l'état d'esprit ou aux émotions de l'artiste lorsqu'il a réalisé son œuvre, en lien avec ses propres problèmes ou sa vie, le tableau s'était chargé de basses fréquences et continuait de les diffuser autour de lui. Quand vous décorez vos pièces avec des objets acquis plusieurs mois ou années auparavant, assurez-vous qu'ils soient bénéfiques pour vous ici et maintenant. Si ce n'est pas le cas, vous savez ce qu'il vous reste à faire. Et si l'objet en question est chargé, mieux vaut ne pas faire de cadeau empoisonné à vos proches en leur offrant ce dont vous ne voulez plus !

3 Cultiver

LA MAGIE ET L'HARMONIE AU QUOTIDIEN

« Ce que nous appelons bonheur consiste dans l'harmonie et la sérénité, dans la conscience d'un but, dans une orientation positive, convaincue et décidée de l'esprit, bref dans la paix de l'âme. »

Thomas Mann

Maintenant que vous avez développé votre pratique et purifié votre foyer, il est nécessaire de l'entretenir sur tous les plans afin qu'il continue de rayonner et de vous apporter bonheur et abondance. Pour cultiver l'harmonie au quotidien, différents outils puissants s'offrent à vous. Apprenez à les solliciter, travaillez avec eux régulièrement, établissez de nouvelles habitudes, contactez les pouvoirs de l'eau, référez-vous au feng shui pour équilibrer votre demeure et invitez les forces de vie à vos côtés : elles sont vos plus puissantes alliées.

Routine magique : ancrer de nouvelles habitudes

Franchir le seuil

Entrer dans le foyer est un acte qui peut sembler anodin tant il est habituel et fréquent. Pourtant, franchir le seuil implique bien plus qu'il n'y paraît, dans la symbolique comme dans l'énergétique. Comment entrez-vous chez vous ? À quoi pensez-vous, arrivé sur le palier ? Au moment de mettre les clefs dans la serrure ? Quelle est la première chose que vous faites une fois la porte refermée derrière vous ? Passer de l'extérieur à l'intérieur, du monde du dehors au dedans marque comme un changement d'état entre un espace ouvert aux multiples sollicitations, aux interactions sociales et professionnelles, et un espace fermé, plus intime qui vous ressemble et vous correspond.

Souvent, ce franchissement se fait au retour de l'école, après le travail, en rentrant des courses, des balades ou d'une séance à la salle de sport, de visites rendues aux proches, c'est-à-dire après une activité qui nous a demandé d'adopter une certaine posture, dans un cadre particulier, avec un entourage défini. Arriver chez soi en conscience, franchir le seuil en étant attentif permet de prendre un temps pour soi, pour revenir à soi et se réajuster. Je vous invite à vous questionner en ce sens et à être sensible à ces interrogations :

Avec quoi je reviens chez moi ? Qu'est-ce que je veux amener à l'intérieur ? Qu'est-ce que je souhaite laisser à l'extérieur, soit parce que cela ne me plaît pas, soit parce que cela ne m'appartient pas ? Prenez un temps d'introspection avant de passer la porte : comment je me sens ? Quelle émotion est là ? C'est souvent très facile de rapporter une situation de colère à la maison plutôt que d'en faire part à son responsable au travail, on s'agace alors plus aisément contre son partenaire ou les enfants. Cela demande de la discipline d'observer les ressentis, les pensées, pour savoir si elles ont leur juste place ici et maintenant. Est-ce que cette situation me met en colère pour les bonnes raisons, contre la bonne personne, au bon moment ? Suis-je rentré chez moi avec une contrariété non identifiée ? Souvent, nous nous rendons compte que la situation a réactivé une colère déjà présente en nous et probablement non exprimée, voire non reconnue. Chaque seconde est propice à laisser s'évaporer une sensation désagréable, ou à agir pour changer les choses quand c'est en notre pouvoir. Si ça ne l'est pas, accrochez un ballon imaginaire à vos soucis et, avec votre respiration, faites souffler le vent, permettez-lui d'emporter vos tracas. Voyez-le devenir de plus en plus petit, puis disparaître. Lorsque vous aurez adopté cette nouvelle habitude de franchir le seuil avec justesse, rien ne sera plus comme avant : votre présence à vous-même et à vos proches sera de meilleure qualité.

Comme vous prenez peut-être l'habitude d'enlever vos chaussures en rentrant, d'accrocher votre manteau, de glisser vos pieds dans des chaussons ou de poser vos affaires de la journée, vos clefs de voiture ou votre téléphone sur la commode, vous pouvez ancrer des routines magiques pour atteindre un nouveau niveau de bien-être. Si vous avez des enfants, ils seront probablement heureux de participer à ces exercices.

Le mandala

Vos enfants adoreront dessiner sur le pas de la porte : des craies de couleur et de l'imagination, et le tour est joué ! Faites de votre entrée un espace où la beauté de l'éphémère s'inscrit dans le temps et l'espace, que vous pouvez renouveler à l'envi s'il s'efface ou pour créer un nouveau modèle. Demandez aux enfants de créer comme un passage magique qui transforme toutes les lourdeurs ou les soucis en légèreté et en joie. Quelle couleur prendrait cette joie ? Quelle forme aurait-elle ? Sur quel dessin poserait-on les pieds en entrant ?

L'arbre à pensées

Quotidiennement, en rentrant du travail ou de l'école pour les enfants, ou avant de préparer le repas, focalisez-vous sur une pensée joyeuse, sur un événement heureux que vous avez vécu. Vous adoptez ainsi l'habitude d'observer le positif de votre journée. L'idée est d'écrire cette pensée et de suspendre le morceau de papier dans un arbre que vous aurez confectionné, grâce à des branches ramassées en nature. Il peut être placé à l'entrée de votre foyer, comme un rappel visuel à cette nouvelle habitude qui sera toujours plus riche et constructive que de ressasser les moments plus ternes ou pénibles que vous avez traversés. Trouvez à chaque instant une occasion de vous émerveiller !

La boîte magique

Que diriez-vous de réaliser une boîte qui transmute les pensées lancinantes, les situations douloureuses ou les mauvais souvenirs ?

Vous aurez besoin d'une boîte (à chaussures, à chocolat ou tout autre contenant qui vous inspire) que vous décorerez selon votre envie. Avant de commencer la fabrication, allumez une bougie rose (pour la douceur et l'énergie d'amour) ou violette (pour la connexion aux plans plus subtils), ouvrez un espace propice à la création, à l'imagination, au rêve, à la naissance de nouvelles idées.

Découpez des photos dans des magazines, des mots qui vous parlent, des motifs, collez et décorez votre nouvel outil en laissant s'exprimer votre créativité. Prenez plaisir à la réaliser, ressentez les vibrations de joie dans votre corps. Lorsque votre boîte est terminée, purifiez-la grâce à la fumigation de sauge ou d'une plante que vous affectionnez. Maintenant, vous allez la programmer.

« Chère boîte magique, je te demande de transmuter en énergie d'Amour et de Lumière toutes les pensées, les situations, les événements, les mots et tous les éléments que je déposerai en toi, pour mon bien-être le plus élevé. Je te remercie infiniment. »

À chaque fois qu'une croyance limitante fait son apparition, notez-la sur un papier, et glissez-le dans la boîte, n'y songez plus, la boîte effectuera le travail. Il en est de même si une personne a eu des paroles blessantes à votre égard, si un souvenir douloureux refait surface, écrivez et déposez, vous vous sentirez plus léger. Il est de votre responsabilité de ne pas ressasser ce que vous avez déposé, de ne pas y revenir. Une fois que c'est dans la boîte, vous vous en remettez à la vie, à l'univers, à plus grand que vous pour transmuter. Elle ne va pas faire disparaître ce qui est désagréable, elle ne va rien effacer, elle va soutenir votre processus de nettoyage. Prendre conscience d'une émotion douloureuse ou d'un inconfort est le premier pas nécessaire à la transformation, et à l'évolution.

Si vous vivez en famille, cette activité peut être un temps précieux à partager, pour que chacun fabrique sa boîte et puisse profiter de sa magie. Les enfants peuvent, par exemple, y déposer leurs colères, leurs inquiétudes, leurs cauchemars.

Une fois de temps en temps, brûlez les papiers, sans les relire.

Le bocal à pépites

Avez-vous déjà songé à mettre de la gratitude en bocal ? À chaque fois que vous éprouvez un moment de grâce, de bonheur, de joie, ou une expérience qui vous fait vous sentir profondément vivant, que vous ressentez de la gratitude pour une personne, une situation, écrivez-le sur un petit bout de papier, et glissez-le dans le bocal. Laissez-le à disposition, dans un endroit où les habitants passent régulièrement.

Vous pouvez créer un bocal par personne, ou un bocal pour le foyer, et chacun peut piocher, lire pour soi le petit papier, ou choisir d'en parler pour répandre cette expérience et évoquer le souvenir lié.

Le pouvoir du sel

Nous l'avons vu précédemment, le sel est un puissant purificateur. Vous pouvez l'utiliser et le programmer afin qu'il protège votre entrée. Demandez-lui d'absorber les énergies négatives avant qu'elles ne pénètrent dans votre foyer et faites un tas dans deux coupelles que vous disposerez de part et d'autre de la porte. Pensez à le changer régulièrement pour que son efficacité perdure. Si vous avez des animaux de compagnie qui risquent de l'ingérer, faites plutôt appel à l'esprit du sel : demandez-lui de la même manière de protéger votre entrée, et visualisez les deux tas. Remerciez-le.

Un espace pour se déposer

Il y a parfois des choses dont nous avons besoin de parler pour entrer dans un échange et recevoir des avis, d'autres où nous éprouvons seulement le besoin d'être entendu, sans paroles en retour, juste pour déposer ce que nous avons sur le cœur. Avoir un espace où chacun se sent libre de le faire est un cadeau pour chaque habitant du foyer. Définissez un lieu, une pièce, où vous vous réunirez, la fréquence, la durée et le meilleur moment auxquels vous envisagez de le faire.

Une fois par semaine est souvent bénéfique, cela ne doit être ni une corvée ni un exercice répétitif. Cet instant revêt quelque chose de sacré, et le silence y occupe une place à part entière. À l'heure du rendez-vous, préparez autant de coussins qu'il y a de participants. Même si certains n'ont rien envie de dire, il est important qu'ils soient présents. Puis, dans le calme, asseyez-vous en cercle. Vous pouvez disposer une bougie au centre, des cristaux, des fleurs, et un bâton de parole. Prenez un temps pour fermer les yeux et respirer, un temps d'intériorité pour vous. Puis vous pouvez vous donner les mains pour vous mettre en lien les uns avec les autres. Ensuite, la personne qui souhaite déposer quelque chose se lève, va chercher le bâton de parole, revient s'asseoir et prend le temps pour parler. À partir du moment où cette personne tient le bâton, c'est la seule à s'exprimer, c'est elle qui détient le pouvoir sacré des mots. Les participants à ce cercle écoutent simplement, sans répondre ni émettre le moindre avis. Quand la personne a fini de parler avec le cœur et l'esprit ouvert, elle rapporte le bâton au centre. Évitez de donner directement le bâton à la personne assise à côté de vous. Faire la démarche de se mettre debout pour aller au centre relève de la responsabilité de chacun à prendre sa place, à l'occuper pleinement. Chacun à sa juste place. Ce qui se partage dans le cercle ne doit en aucun cas être au cœur des discussions au prochain repas. Si quelqu'un a besoin d'en parler et d'avoir un avis, il peut le mentionner pendant le cercle.

Fabrication d'un bâton de parole

Le matériel : morceau de bois, branche, plumes, perles, peinture, ficelle, lanières de cuir, rubans, coquillages, cristaux, marqueurs...

Issu des traditions nord-amérindiennes, des peuples des Premières Nations, le bâton de parole est un outil utilisé dans ces territoires lors de réunions, cérémonies, rassemblements et autres événements de la vie. Véritable régulateur de la parole au sein du groupe, symbole d'ordre et de respect, il est choisi selon la fonction que l'on veut lui donner (libérer la parole, parler avec courage et justesse, se mettre en lien avec les esprits...) et représente celui qui le fabrique, tout en intégrant une dimension collective. Vous pouvez réaliser le vôtre, en fonction de vos besoins, de préférence grâce à des matériaux trouvés dans votre environnement. Offrez-vous un temps pour dessiner votre bâton, noter les mots-clefs qui viennent à votre esprit, les symboliques qui ont du sens pour vous, laissez ce projet maturer et prendre forme progressivement.

Dans la nature, recherchez un bout de bois qui vous plaît, qui est déjà par terre ou cassé, adapté à votre main, soyez reconnaissant pour ce cadeau. Lorsque votre bâton est sec, poncé, vous pouvez commencer à le décorer selon vos envies : tressez, tissez, collez, peignez, donnez libre cours à votre imagination. Pour délimiter un espace à peindre, utilisez du ruban adhésif qui vous permettra d'obtenir des tracés droits. Une fois terminé, votre bâton est teinté de votre magie, son usage est consacré. Utilisez-le avec respect et entreposez-le dans un endroit adéquat.

Les rêves, un indicateur de bien-être

En étant attentif à vos rêves, vous ferez un pas de plus dans l'écoute de votre corps, de votre âme et de votre foyer. La qualité de votre sommeil et de vos songes donne un éclairage sur votre état intérieur. Est-il apaisé ? Perturbé ? Irrégulier ? Comment le qualifiez-vous ?

Phénomènes psychiques qui se produisent pendant votre sommeil, les rêves sont comme un langage de notre inconscient, ou de notre âme, qui cherche à nous délivrer un message de manière symbolique. Essayer d'en avoir une compréhension la plus complète possible passe par l'observation de vos ressentis et par l'écriture de vos rêves au réveil, lorsque vos souvenirs sont encore frais, pour en faire ensuite l'analyse. Ressentez-vous du confort ou de l'inconfort ? Notez tout ce dont vous vous souvenez, sans interpréter dans un premier temps. Puis, grâce à une courte méditation ou à plusieurs respirations profondes, mettez-vous dans un état de réceptivité, de relaxation et relisez-vous. Faites défiler les images et laissez venir des suggestions de traduction. Avec l'entraînement, cette gymnastique sera de plus en plus simple.

Avec la visualisation, vous pouvez modifier une des scènes et voir si cela change quelque chose à votre état intérieur. Vous pouvez ainsi faire des réajustements pouvant avoir des répercussions sur votre humeur ou au niveau énergétique.

Les rêves sont un outil de travail intéressant, car ils livrent de nombreuses informations et sont parfois comme une guidance, un voyage intérieur porteur de sens qui permet un nouveau regard sur une situation. Lorsque le sens global du message est compris, grâce à l'analyse ou intuitivement, nous pouvons adopter une posture différente ou mettre une action en œuvre dans notre quotidien. Si vos rêves contiennent des éléments négatifs et désagréables, il se pourrait que vous deviez agir pour réduire votre niveau de stress ou d'anxiété. S'ils se transforment en cauchemars du jour au lendemain, cherchez l'événement qui a pu provoquer ce basculement. Avez-vous eu une altercation avec un collègue ou changé le lit de place ? Les phénomènes telluriques, comme le croisement de failles et de cours d'eau souterrains, ont une incidence directe sur la qualité du sommeil.

La géobiologie pourra vous aider à régler ce problème.

Si vous rêvez d'une fuite d'eau dans votre maison, il se pourrait que vous perdiez de l'énergie dans un domaine de votre vie. Vous n'aurez pas systématiquement des indices au cours de votre nuit, mais plus vous prêterez attention à ce que vous vivez dans votre sommeil, plus vous pourriez recevoir de données.

Certaines personnes utilisent le rêve lucide pour récolter des informations, apprendre, ou faire évoluer une situation. Dans ces états, le dormeur est conscient d'être en train de rêver, son raisonnement est clair et lucide, il exerce un certain contrôle sur les songes et peut ainsi transgresser les lois de la physique ou transformer son rêve à volonté. Si vous n'avez pas cette capacité, ou si vous ne souhaitez pas tenter l'expérience, vous pouvez, chaque soir avant de vous endormir, poser l'intention d'obtenir dans votre sommeil des clefs de compréhension pour améliorer telle ou telle situation.

Décodage des comportements

Les enfants, porteurs de messages

Au-delà de comportements qui pourraient être liés à leur quotidien, aux difficultés qu'ils rencontrent ou simplement aux événements qu'ils vivent, les attitudes des enfants sont souvent teintées par le lieu où ils habitent et par ce qui les entoure. En effet, ils ressentent beaucoup plus les énergies que les adultes, ils sont plus sensibles aux perturbations, artificielles, naturelles ou paranormales. Il n'est pas rare d'entendre parler d'un enfant qui refuse de dormir dans son lit parce que quelqu'un se trouve dans sa chambre, assis sur le fauteuil. Si vous rencontrez cette situation, ne le grondez pas, écoutez-le, rassurez-le, ne lui dites pas que c'est son imagination et qu'il n'y a rien. Le lendemain, faites appel à un professionnel pour nettoyer énergétiquement le lieu et faire monter cette âme dans la lumière si besoin. De votre côté, soyez également rassuré et restez à l'écoute, ouvert à ce que votre petit vous raconte, ainsi il sentira qu'il peut se confier à vous, quel que soit ce qu'il expérimente. Vous pouvez en outre rencontrer le cas de présences bénéfiques qui veillent sur lui, comme des ancêtres ou des esprits de la nature.

Par leurs mots et leurs comportements, les enfants révèlent les déséquilibres et les dysfonctionnements, ils mettent le doigt innocemment sur les blocages et les énergies stagnantes, avec parfois plus ou moins de tact ! Prenez ces signes comme des cadeaux qui visent à faire évoluer une situation vers un mieux-être. Observez discrètement leurs attitudes, leurs habitudes, leur appétit, leurs changements de comportements, soyez attentif à leurs réflexions, leurs conversations avec vous ou quand ils jouent seuls ou avec leurs amis, aux petites phrases percutantes qu'ils glissent l'air de rien et qui peuvent vibrer pour vous.

Ouvrir un espace de dialogue avec votre enfant crée un temps propice pour échanger sur ses ressentis, la qualité de son sommeil ou ses peurs. Il ne restera ensuite qu'à déterminer l'origine de la perturbation, et à réharmoniser ce qui doit l'être. Que ce soit la présence d'un réseau tellurique perturbant, d'un cours d'eau, d'une entité ou la mémoire des murs, chaque nuisance a sa solution, vous pouvez vous reporter au chapitre sur la géobiologie page 50.

Ces comportements peuvent signaler l'existence d'une perturbation ou une présence :

- Les enfants d'une fratrie ou des copains et copines de classe se disputent toujours au même endroit dans la maison.
- Les frères et sœurs ont les mêmes peurs concernant un lieu ou une pièce du foyer.
- L'enfant délaisse un coin de sa chambre et/ou parle d'une présence dans cet espace.
- Il dort en travers ou couché au pied de son lit.
- Il est agressif, colérique ou sur la défensive sans raison apparente.
- La salle de jeu ne remplit plus son rôle, elle est délaissée, personne ne se rend dans cette pièce où la joie, la légèreté et l'amusement ont toute leur place.
- L'enfant parle de fées, de créatures, de présences bénéfiques ou d'amis imaginaires avec qui il aime jouer.
- Il rencontre des difficultés à s'endormir, son sommeil est agité, rempli de cauchemars, de pleurs ou de cris, de terreurs nocturnes.

Les animaux, expression du non-verbal

Les animaux possèdent des canaux sensoriels très développés qui leur donnent la capacité d'entendre, voir ou sentir des énergies et phénomènes imperceptibles pour nos sens communs. Ils détectent les variations dans le champ magnétique et énergétique des lieux et des personnes. En dehors de la communication animale, véritable outil privilégié du dialogue avec vos fidèles compagnons, l'observation de leur comportement et leur changement d'attitude offrent des indices précieux sur l'état de votre foyer.

Leur perception et leurs ressentis, sans filtre, ne sont guidés ni par le mental ni par l'ego.

En entrant dans un logement, un chien se couchera généralement sur le point le plus bénéfique. Comme l'humain, il fuit les zones néfastes déséquilibrées par des cours d'eau souterrains, les failles ou par les réseaux telluriques. Sensible aux nuisances du sous-sol, il vous indique les espaces sains pour vous. Si sa niche est positionnée sur une zone perturbée, il refusera de s'y rendre. De son côté, le chat travaille à votre santé et à votre bien-être d'une autre manière. S'il aime se reposer à un endroit précis sur un coussin du canapé, toujours le même, ne le chassez pas pour vous y installer : il est probablement défavorable pour vous. En effet, il n'est pas rare de constater que ces félins ont l'habitude de faire la sieste sur les points géopathogènes. Ils peuvent donc vous aiguiller sur leur présence dans votre foyer. Ils auraient même la faculté de transformer, par leur fourrure qui émet de micro-ondes, les énergies. Leur ronronnement calme les nerfs, chasse le stress, et les anciens rapportent qu'ils peuvent soigner les rhumatismes par leur présence : ne vous privez pas des bienfaits qu'elle peut vous apporter. Leur médecine est sûrement plus grande qu'on ne l'imagine : certains chats détectent les cancers et d'autres maladies. Cela signifie qu'ils captent certaines fréquences de nos organes ou de notre corps, que ce soit par leur odorat ou leur sixième sens.

Ces comportements peuvent signaler l'existence d'une perturbation ou une présence :

- Votre animal ne veut plus rentrer dans sa niche, dans la maison ou dans une pièce.
- Son comportement change du jour au lendemain sans explication rationnelle.
- Il réagit de manière brusque à quelque chose que vous ne percevez pas, donne l'impression de fixer un point précis.
- Il tourne en rond en miaulant ou en aboyant.
- Votre chien grogne pour signaler une présence, il semble sur ses gardes.
- Votre hamster ou votre souris devient agressif.
- Si vous avez une ferme, les bêtes n'occupent qu'une partie de l'étable, ont des réticences à se rendre dans un bâtiment particulier ou refusent de boire à l'abreuvoir (dans ce dernier cas, il s'agit probablement d'une perturbation de type électrique).

Les signes sont variés, et ne veulent pas dire systématiquement qu'il y a une perturbation. À vous de garder l'esprit ouvert et critique, d'observer vos propres sensations lorsque cela se produit. Vos compagnons soulignent la plupart du temps quelque chose que vous pressentez ou vous ramènent à un ressenti que vous avez négligé.

De la même manière, il arrive que les animaux compensent notre mal-être en développant des pathologies en résonance avec nos déséquilibres ou maladies, comme pour attirer notre attention sur ces problèmes ou nous protéger.

Le feng shui, au service du bien-être

Le bois, le feu, la terre, le métal et l'eau sont les cinq éléments vitaux autour desquels s'organise le feng shui. D'origine chinoise, et vieille de milliers d'années, cette philosophie orientale vise à instaurer l'harmonie au foyer, à équilibrer les différentes énergies présentes en son sein pour offrir bien-être, santé et prospérité à ses habitants. Elle nous influence physiquement et psychiquement.

Les éléments se combinent d'une certaine manière afin que l'environnement soit harmonieux. Lorsque les associations sont défavorables, ils peuvent au contraire engendrer déséquilibres et dysfonctionnements. Comprendre le fonctionnement du feng shui vous permettra de réajuster ce qui a besoin de l'être dans votre lieu de vie.

Harmoniser et faire circuler les énergies

Le feng shui s'appuie sur le principe d'appartenance de toute chose au grand tout, sur une interdépendance permanente des uns aux autres, et des êtres à l'environnement dans lequel ils évoluent. Il régule le yin et le yang, qui ne peuvent exister l'un sans l'autre. Un des points clefs est le *chi*, cette force vitale naturelle, à la fois énergie, respiration et transformation de sa propre essence, qui circule en toute chose. Le feng shui favorise la circulation de cette force, qui peut être lente et stagnante, ou au contraire rapide et forte, et vise à l'accompagner, à l'accélérer ou parfois à la ralentir pour qu'elle accède à toutes les pièces de la maison.

Cette technique ancestrale comporte de nombreuses subtilités, et je vous parlerai ici de ses lignes directrices. L'important est de saisir que l'harmonie s'acquiert en vivant en accord avec les lois de la nature, avec notre environnement, et selon le bon sens.

Pour mettre en application ses principes, le feng shui utilise un outil essentiel : le bagua. Véritable boussole, le bagua est un diagramme divisé en huit directions. À chacune correspond un secteur cardinal, un chiffre, un secteur de vie (santé, richesse...), une saison, une couleur, un élément, un membre de la famille, un organe, une forme géométrique, un paysage. Il vous aidera à définir comment placer les pièces de votre foyer, et à harmoniser chacune d'elles. En fonction de votre sexe et année de naissance, quatre directions vous sont favorables. Calculer votre chiffre gua en ligne pour les découvrir.

L'union yin yang

Avec le yin, il est question de retrait, l'énergie est concentrée vers l'intérieur, c'est l'immobilité, le calme, le froid et l'humide. Avec le yang, la lumière s'étend et se diffuse vers l'extérieur, il s'agit de mouvement, de circulation, d'activité, de chaleur et de sécheresse.

L'équilibre pièce par pièce

Voici un tour d'horizon des pièces et des points élémentaires du feng shui pour faire régner l'harmonie dans votre foyer.

L'entrée

Portail du foyer, physique et énergétique, cette pièce requiert toute votre attention, car c'est par ici qu'entre le *chi*. Elle doit être lumineuse, chaleureuse et libre de tout obstacle : ne l'encombrez pas de chaussures et manteaux, créez une penderie discrète ou rangez-les à leur place.

Prévoyez un espace où chacun peut prendre le temps d'arriver, de s'asseoir pour se déchausser, sans craindre de salir s'il a plu, de poser sacs de courses, clefs et portefeuille. Une pièce de transition pratique, facile à nettoyer, qui soit une invitation à entrer plus en avant et donne le sentiment d'être accueilli. C'est l'espace qui attire la bonne fortune.

Un carillon à vent accroché à l'extérieur, proche de la porte, fera circuler l'énergie positive et chassera les mauvaises. Générateur de bien-être et de confiance en soi, il sera de préférence en métal, élément alimenté par le vent, et composé de six tubes.

L'entrée fait également office de sortie, veillez à ce qu'il soit aussi pratique d'entrer que de sortir. Ne laissez pas les poubelles s'entasser ici.

La porte elle-même doit inspirer confiance et sécurité, elle est la première protection entre l'extérieur et votre intérieur. Si elle débouche directement dans votre pièce de vie, camouflez-la avec un rideau épais, vous serez isolé du froid et du dehors. Huilez-la, rabotez-la si elle ne s'ouvre pas facilement.

Si l'entrée donne sur un long couloir, placez des sculptures, des plantes aux feuilles rondes de part et d'autre, ou des suspensions pour ralentir le chi. Si elle est trop petite, fixez un miroir aux bonnes proportions et à la hauteur adéquate sur un des deux murs perpendiculaires.

Si un escalier mène aux étages, il sera de préférence droit, large, à faible pente et avec des marches profondes.

La cuisine

Cœur de votre chez-vous, c'est ici que sont préparés les délicieux plats qui alimentent le foyer, au sens propre et figuré, c'est la pièce nourricière. Lieu d'échange et de convivialité, la cuisine est associée à l'énergie yang, tournée vers la lumière et l'activité. Ce lieu est idéal pour revêtements lisses, le carrelage au sol et les couleurs chaudes, comme le rouge, le jaune, l'orange et le brun, qui stimulent l'appétit et votre joie. Il est important que vous vous sentiez en harmonie avec cet espace, qu'il vous emplisse de bonnes énergies : cela déterminera la joie que vous aurez à préparer le repas, l'amour que vous mettrez dans vos assiettes, le plaisir que vous éprouverez à y passer du temps et à sublimer les aliments. En bref, plus vous serez heureux dans cette pièce, meilleure sera la santé de la famille.

Ouverte, entretenue, la cuisine doit être fonctionnelle et bien éclairée, ayez tout à portée de main et orientez votre plan de travail vers la porte d'entrée. Vous verrez qui pénètre dans la pièce et serait en position de commande lorsque vous cuisinez. Gardez les surfaces propres, dégagez votre plan de travail, favorisez des espaces vides où le chi pourra circuler, optimisez l'espace.

Triez et nettoyez régulièrement votre réfrigérateur pour bannir les légumes pourris ou plats dépassés, débarrassez-vous de la vaisselle abîmée et inutilisée, aérez et nettoyez les filtres (VMC, hotte).

Comme dans le cycle destructeur du feng shui l'eau éteint le feu, séparez ces deux éléments l'un de l'autre : regroupez tout ce qui concerne la cuisson et éloignez d'au moins un mètre l'évier, le réfrigérateur et le lave-vaisselle. Idéalement, votre cuisine se situe à l'est ou sud-est de votre maison, secteur de la santé.

La salle à manger

Les salles à manger tendent à disparaître au profit de cuisines qui proposent un coin repas, en revanche nous sommes souvent heureux de les trouver pour savourer les grandes réunions de famille. Le confort est au centre de l'aménagement de cette pièce. Veillez à ce que la table et les chaises contribuent au bien-être de votre entourage et de vos invités. Vous pouvez utiliser des matériaux en bois pour le côté chaleureux qu'il véhicule. Les instants partagés seront plus agréables si la lumière est naturelle, placez donc cette pièce à l'est ou au sud-est si vous y prenez le petit-déjeuner, et installez des luminaires au-dessus de la table pour les soirées. Les tables rondes permettront une communication fluide, les carrés apportent un côté plus formel. Mettez-vous à la place de vos invités : préféreriez-vous être assis dans un angle sombre ou face au centre de la pièce ? Réservez-leur la meilleure place, face à l'entrée. Jouez avec les formes et les couleurs des accessoires, privilégiez les couleurs chaudes qui mettent en appétit.

Si la salle à manger est intégrée dans la cuisine ou le salon, délimitez bien l'espace.

Le salon

Lieu de détente, d'échange et de partage, le salon a une fonction sociale. Vitalité et union sont au centre de cet espace qui devra être spacieux, accueillant et lumineux. Agencés de manière à permettre au *chi* de circuler, les meubles du salon, aux formes arrondies, seront disposés en rectangle ou en carré autour de la table basse. Contre le mur faisant face à l'entrée, le canapé offrira confort aux habitants et invités. La lumière est un point essentiel : ouvrez les rideaux, ajoutez un joli miroir qui agrandira l'espace et reflètera les rayons du soleil. Une vue dégagée est très favorable pour l'énergie de la pièce. Des lumières tamisées ou à intensité variable seront installées pour accompagner les diverses activités pratiquées dans cette pièce. Disposez çà et là quelques objets de décoration que vous aurez sélectionnés avec soin, et laissez des vides sur les étagères pour leur accorder de la place.

La chambre

Espace de repos et de détente par excellence, la chambre sera paisible si elle est éloignée des lieux d'activité intense (entrée, cuisine). Comme les autres pièces, elle mérite d'être rangée, et c'est d'autant plus important que la qualité de votre sommeil sera impactée par l'ordre et la sérénité qui y règne. Ne laissez rien traîner au sol ni sous le lit, allégez la décoration, n'y installez ni votre bureau, ni votre salle de sport, ni votre bibliothèque.

Pour être en position de commande, et donc vous sentir en sécurité, placez votre lit de sorte à voir la porte, mais sans qu'il soit dans l'axe entre la fenêtre et la porte ni dans un espace de circulation entre deux ouvertures (deux fenêtres, par exemple). Orientez-le dans l'une des quatre directions bénéfiques pour vous, grâce au calcul de votre chiffre gua. Différents sites Internet proposent une méthode de calcul.

✦

Évitez la présence de miroirs, qui accélèrent le chi,
de la même manière n'affichez pas de posters ou cadres
de visuels trop dynamiques (course de voitures, rue bondée).
Tenez les appareils électriques loin de la tête de lit,
veillez à ce que l'antenne de votre télévision ou parabole
ne soit pas derrière ou à l'aplomb de votre lit
et débranchez tous les appareils
pour la nuit.

✦

Pour l'équilibre de votre couple, pensez à avoir chacun une table
de nuit, idem pour les célibataires qui cherchent l'amour, une armoire
à deux portes. Astuce testée et approuvée, glissez un quartz rose sous
chaque oreiller pour attirer votre partenaire à vous !

✦

La chambre est une pièce plutôt yin, qui appelle l'utilisation de matières naturelles, douces et feutrées, aux couleurs chaleureuses et mates, aux meubles aux angles arrondis. Supprimez la présence d'eau (fontaine, aquarium), car elle n'est pas compatible avec l'énergie de la chambre.

Pour une chambre d'enfant, qui fait parfois office de chambre à coucher et de salle de jeu, l'aménagement à hauteur de ses yeux est essentiel. Stimulant, il doit favoriser à la fois son éveil lorsqu'il joue, sa détente, et son sommeil lorsqu'il est l'heure de dormir. L'idéal est qu'il se divise en deux espaces distincts. Les matériaux utilisés seront doux, confortables, aux couleurs que l'enfant affectionne. Les rangements seront adaptés à sa taille, pratiques, nombreux, en matières naturelles. Apprenez à votre enfant comment ranger (cf. partie rangement), ainsi il saura de lui-même faire le tri et conserver un espace ordonné, structurant et plaisant. Évitez les appareils électriques dont les ondes sont néfastes, prévoyez différents types d'éclairages en fonction des temps clefs de la journée. Si votre enfant dort mal, est trop actif ou en conflit permanent, observez ce qui aurait besoin d'être rééquilibré : la position de sa chambre dans la maison, son orientation ou un phénomène tellurique qui pourrait être responsable de la situation.

La salle de bains

Lieu le plus humide du domicile, la salle de bains est le royaume de l'élément eau, n'y invitez donc pas le feu par des couleurs chatoyantes et gardez la porte fermée. Idéalement, elle sera à l'écart des pièces de vie, et située au nord de votre foyer, qui correspond à l'élément eau, à l'est ou au sud-est. Qui dit eau dit humidité et *chi* stagnant. Veillez à aérer régulièrement et à inonder de lumière naturelle. Les plantes peuvent aider à absorber cette humidité, tout comme un déshumidificateur. C'est ici que vous prendrez soin de votre corps, de votre bien-être, les miroirs devront donc être fidèles à la réalité. Les surfaces dures, en bois traité (le bois fait bon ménage avec l'eau, car il absorbe le trop-plein), ou en carrelage, en marbre, d'une énergie yang, rendront votre pièce plus dynamique. Prenez soin de votre plomberie, car tout problème de fuite, d'évier bouché, entre en résonance avec vos propres ressources énergétiques. L'eau propre, canalisée, qui s'écoule parfaitement, amène prospérité et fluidité dans votre vie. De la même manière, vous pouvez créer une atmosphère feutrée et douce pour vous accorder un temps le soir après une journée chargée, ou quand vous en ressentez le besoin, pour chouchouter votre corps. Vous serez heureux de retrouver des matières naturelles, relaxantes et apaisantes.

Les toilettes

Les toilettes dans l'entrée, près de la cuisine ou face à une chambre ne sont pas bénéfiques pour votre foyer. Idéalement, elles se trouvent dans un angle, et ne donnent sur aucune pièce. Pour empêcher les mauvaises énergies de remonter, pensez à bien abaisser la lunette, le couvercle et à fermer la porte. Gardez-les toujours propres et rangées. Installez une lumière tamisée, nul besoin d'éclairage puissant et parfois intrusif qui ne correspond pas à ce lieu intime.

Le bureau

De plus en plus de professionnels exercent à domicile et pour que le travail n'empiète pas sur l'espace sacré du foyer et sur votre vie privée, il y a des règles élémentaires à respecter : dédiez une pièce à votre activité. Hors de question de vous installer sur un coin de table dans la salle à manger ou dans votre chambre. Choisissez une pièce naturellement lumineuse, située dans un lieu calme propice à la concentration, éloignée des zones d'activité, et orientée selon vos meilleures directions. Si vous n'avez pas d'autres choix que de vous établir dans votre salon, cloisonnez l'espace, et identifiez-le clairement.

Placez votre bureau face à la porte, avec un mur dans votre dos pour sécuriser votre position, dirigé vers l'intérieur de la pièce. Le mettre en diagonale sera encore plus favorable. Vous pouvez accrocher une photo de montagne au mur derrière vous, elle vous apportera soutien, stabilité et sécurité. Choisissez des couleurs en fonction de votre activité ou de vos priorités : concentration, créativité, réactivité... Prévoyez des rangements adéquats, adaptés à vos besoins.

Si vous travaillez jusque tard, optimisez les éclairages pour ne pas forcer votre vue. Ajustez la hauteur de votre écran et de votre clavier, votre chaise à votre bureau, pour que ce soit le plus ergonomique, votre corps vous remerciera.

Pour votre bien-être, faites des pauses régulièrement, aérez l'espace pour faire circuler les énergies, hydratez-vous, prenez l'air, tenez-vous à vos horaires de travail (il est facile de se laisser emporter !), et songez aux espaces de coworking si vous ne vous sentez pas bien. Une fois votre journée terminée, rangez votre bureau, il sera prêt à vous accueillir le lendemain.

Le grenier

Je suis certaine que vous avez déjà remarqué que les habitants qui possèdent un grenier stockent plus que les autres. Et plus le grenier est grand, plus nous stockons ! Imaginez l'accumulation de tous ces objets et meubles qui dorment au-dessus de votre tête (ou au-dessous pour les caves). Cela a un impact sur la vie du foyer, sur votre sommeil, sur vos activités et même sur votre santé. Puisque sont souvent entreposées ici toutes les affaires inutiles, comme partout ailleurs : triez, rangez, nettoyez ! Vous pourrez bien être surpris du résultat et des conséquences directes de ce grand ménage sur votre vie. Il n'est pas rare de voir des situations du quotidien se dénouer avec le rangement de cet espace. Un membre de la famille qui reprend contact, une nouvelle rencontre qui fait son apparition, un projet qui voit le jour... Le grenier symbolise vos aspirations les plus élevées, le futur et l'évolution, alors prenez-en soin.

Ne gardez que les articles saisonniers, ceux que vous utilisez encore, et rangez-les de manière ordonnée. Libérez le passage pour circuler et trouver facilement ce dont vous avez besoin. Gardez à l'esprit de ne pas accumuler inutilement, les générations suivantes s'en sentiront plus légères !

Le garage

Un mot d'ordre : rangement ! Souvent, nous accumulons au garage des affaires peu utilisées, usées, ou dont nous ne savons pas quoi faire. Débarrassez-vous-en, vendez, donnez, faites de la place. Plutôt que de stocker un appareil ménager qui ne sert qu'une fois par an, pourquoi ne pas emprunter celui du voisin ou le louer dans la ressourcerie la plus proche ? Balayez le sol, nettoyez-le, renouvelez l'air, que votre voiture soit heureuse d'être abritée en ce lieu.

Désencombrer, trier, ranger pour retrouver la clarté

Triez, rangez, nettoyez, ne laissez pas de place au désordre, à la saleté et à l'accumulation de ce dont vous n'avez pas réellement besoin. Cela constitue la base de l'équilibre du foyer, comme un travail de fond nécessaire à l'harmonie. Prendre soin de votre bien-être physique, psychique et émotionnel en vivant dans un lieu sain va permettre de dénouer les nœuds et dissoudre des blocages du quotidien. Un gros ménage de printemps est la plupart du temps synonyme de grands changements de vie, car mettre de l'ordre dans votre maison revient à mettre de l'ordre dans votre vie.

Un rangement optimal implique un aménagement intérieur adéquat, pratique, adapté et fonctionnel. Prenez soin de vos placards, vous devez pouvoir les ouvrir et fermer facilement, ils doivent rester fonctionnels. Réparez-les si besoin.

Apprendre à vivre avec moins conduit souvent à apprendre à vivre avec l'essentiel, et cela génère un fort sentiment de satisfaction, de bien-être et de liberté. Faites des choix quant à ce que vous souhaitez conserver et clarifiez les raisons qui vous poussent à le faire. Si vous gardez un objet « au cas où », vous pouvez être sûr qu'il ne servira plus. Si vous regrettez vraiment de vous en être séparé, empruntez-le à un membre de la famille, à un voisin. Moins consommer produit également une sensation de légèreté.

Vous verrez que le processus de rangement vous permettra d'avoir l'esprit plus clair et disponible.

Marie Kondo, autrice à succès de *La Magie du rangement*, a établi des principes clefs pour un rangement efficace :

- Définissez votre objectif : pourquoi souhaitez-vous ranger ? Quelle signification cette action a-t-elle pour vous et qu'est-ce que ce changement apportera à votre mode de vie ?
- Rangez une bonne fois pour toutes plutôt que petit à petit, ainsi le changement sera radical.
- Jetez d'abord, rangez après. Choisissez en premier lieu ce que vous voulez garder.
- Rangez par catégorie d'objets (vêtements, livres...) et non par pièce.
- Ne gardez que ce qui vous procure un sentiment de joie, touchez les objets, sentez si la joie prend place dans votre corps.
- Ne gardez pas les choses « au cas où », mais parce que vous les aimez.
- Triez les objets à valeur sentimentale (photos, lettres) à la fin.
- Remerciez les objets pour leurs services rendus.
- Rangez avec soin ce que vous avez conservé.
- Classez les papiers au fur et à mesure.

Essayez, vous vous sentirez plus léger et votre maison également.

Un temps pour soi

Avant d'acheter un nouvel accessoire, objet, meuble ou vêtement, demandez-vous si vous en avez réellement besoin. Si la réponse est oui, posez-vous la question à nouveau. Si la réponse est encore oui, alors sentez si cet objet vous met en joie. Si c'est le cas, achetez-le ! Entourez-vous d'éléments qui vous font vibrer positivement.

L'harmonie au jardin et à l'extérieur

Votre extérieur fait partie à part entière de votre foyer, c'est par lui que vous arrivez pour entrer chez vous, c'est là que vous passez du temps à arroser le potager, à lire à l'ombre d'un arbre, à vous aérer ou à jouer avec les enfants et c'est aussi lui qui est le premier rempart, la zone de transition entre le monde extérieur et votre espace. Que vous ayez un terrain, un jardin, un balcon, ou une terrasse, prenez-en soin. Comme dans la maison, rangez, triez, nettoyez, entretenez.

Le feng shui s'applique également à l'extérieur pour favoriser la circulation des énergies positives et faire grandir l'harmonie. Le sentiment de sécurité, que vous et les habitants de votre maison pouvez avoir, dépend grandement de l'extérieur. L'environnement doit être protecteur, des arbres situés de chaque côté de la maison, excepté devant l'entrée, peuvent créer un cocon et vous protéger des intempéries, un relief présent derrière le bâtiment peut apporter force et soutien, alors qu'une étendue d'eau devant chez vous ouvre les perspectives et stimule la créativité.

Votre entrée doit être dégagée, sans obstacle. Si une allée droite donne directement sur la rue, ajoutez de la végétation ou de la déco pour ralentir le chi qui s'engouffrerait trop rapidement chez vous sans prendre le temps de diffuser sa force bénéfique. Éloignez-vous des lignes à haute tension, des zones à risques, des flux énergétiques trop forts comme les cascades, fleuves ou autoroutes, des lieux aux vibrations souvent basses (déchetterie, entrepôts...).

L'environnement a un impact sur différents plans, tout comme votre jardin, miroir de votre être intérieur.

Le jardin idéal vous ressemble, il est agréable, équilibré, reflète votre personnalité et vous régénère. Vous vous y sentez en paix et avez envie d'y passer du temps. Voici quelques astuces pour l'harmoniser et lui insuffler encore plus de vie :

- Rendez visibles les allées en débroussaillant.
- Si vous tondez la pelouse, ne le faites pas trop souvent et laissez des espaces sauvages pour préserver les insectes et l'habitat des petits animaux.
- Créez des courbes pour dynamiser votre jardin.
- Préservez votre intimité du voisinage.
- Trouvez l'équilibre yin yang en aménageant des espaces rocailleux (yang) et des espaces aquatiques (même une petite fontaine, yin).
- Adaptez l'éclairage extérieur à vos activités (retour du travail dans la nuit, repas pris dehors en été…).
- Plantez des essences et espèces végétales adéquates, qui vous font vibrer et correspondent à votre milieu, créez un potager si vous en avez envie, parlez à vos plantes, chouchoutez-les.
- Fabriquez des nichoirs avec les enfants.

Si vous n'avez pas de jardin, pas d'inquiétude ! Vous pouvez donner vie à cet espace sur votre balcon, rebord de fenêtre ou à l'intérieur dans un endroit dédié (véranda, par exemple). Les principes à appliquer sont les mêmes, à échelle réduite. Et si vous vivez en véhicule aménagé, une jardinière, une plante suspendue, suffira à vous apporter un peu de verdure, à laquelle vous pourrez vous connecter pour vous ressourcer.

Une transformation permanente

Vous l'aurez compris, votre extérieur et votre intérieur jouent un rôle fondamental dans votre équilibre personnel. Amusez-vous à aménager les pièces à votre image, à celle de votre foyer et de ses habitants, grâce aux outils millénaires, à votre bon sens, à vos inspirations et envies ! Vous évoluez au fil de l'année et votre chez-vous suit aussi ce rythme, respectez les cycles de la nature : le printemps sera propice au rangement, au renouveau ; l'hiver plus favorable au cocooning, à l'intériorité et à la lenteur, écoutez vos sensations et vos propres rythmes.

Gardez à l'esprit que tout passe ! Ce qui vous correspond à un moment donné peut ne plus vous convenir quelques semaines plus tard. Soyez attentifs à vos ressentis et accueillez le fait que rien n'est figé. Ainsi, vous pourrez facilement revoir la décoration, l'aménagement d'une pièce dès lors que vous sentez que cela ne vibre plus pour vous. Cela vaut pour des vêtements, des rideaux, un bijou, l'emplacement d'une table basse. Demandez-vous régulièrement si tel ou tel objet est encore bénéfique, utilisez votre corps comme un pendule pour avoir une réponse claire. Cet objet est-il encore bénéfique pour moi ? Vous obtiendrez un oui ou un non. Triez en fonction, laissez partir ce dont vous n'avez plus besoin pour accueillir dans votre vie ce qui est bon pour vous. Faites confiance à votre intuition !

Inviter les forces de vie

Boîte à outils magiques

Je parlerai ici de plusieurs outils spécifiques qui sont autant de pistes pour invoquer et inviter les forces de vie dans votre palais, à prendre part à la magie de votre quotidien. Mais avant tout, quelques notions de base :

- Tout rituel a un début et une fin, éteindre la bougie peut symboliser sa fermeture. À vous de trouver les gestes ou actes qui marquent ces deux temps essentiels.
- Un rituel pratiqué sur plusieurs jours se fait à horaires réguliers.
- Plus un rituel est répété à l'identique, plus profonds sont les effets.
- Plus le vœu formulé sera positif, plus puissant il sera.
- Ne soufflez pas sur le feu pour éteindre la bougie, mais mouillez votre pouce et votre index avec un peu de salive, puis pressez le bout de la mèche avec vos doigts ou utilisez un éteignoir. Souffler sur le feu reviendrait à annuler les effets de votre rituel, à le faire s'envoler, et dans certaines traditions, cela équivaut à chasser l'esprit du feu lui-même.

Les aliments magiques

- Le citron. Particulièrement bénéfique pour votre santé et utile pour purifier votre temple, il peut aisément se mêler à vos rituels. Sa symbolique en lien avec l'épanouissement, la joie et le bonheur renforce son pouvoir et il amènera cette énergie si vous le disposez sur votre autel.

- Le romarin. La fumigation de romarin est particulièrement efficace lors du nettoyage énergétique d'un lieu. Comme le citron, vous pouvez l'ajouter à vos produits ménagers sous forme d'huile essentielle pour ses propriétés purificatrices. Plante sacrée au temps des pharaons, il accompagne l'énergie du renouveau.
- Le thym. Très utilisée dans les rituels magiques, cette plante originaire de la région méditerranéenne est réputée pour ses propriétés de guérison, d'amour, de purification et de courage. Le thym chasse les énergies négatives, aide à se libérer du passé et donne confiance en soi. En tisane, il soulage les maux de gorge et la toux.
- Le laurier. Plante de divination par excellence, le laurier vrai symbolise l'immortalité. Il favorise la clairvoyance, la sagesse et la protection.
- L'ail. Cet aliment au taux vibratoire haut est bon pour la santé physique et énergétique. Il est réputé pour ses vertus de protection contre les énergies négatives.

Les bougies

Outils incontournables de la pratique magique, les bougies occupent une place majeure dans de nombreuses traditions. Véritables liens entre les mondes physique et astral, elles ouvrent des portes de communication entre les différents plans. Elles réunissent le pouvoir des quatre éléments : la cire représente la terre, la flamme le feu, la fumée l'air et la cire fondue l'eau. Naturelle et respectueuse de l'environnement, non toxique, non allergène et non polluante, la cire d'abeille dégage une douce odeur de miel et génère des ions négatifs, bénéfiques pour la santé et le bien-être, propices à développer de belles énergies lors de vos pratiques ésotériques. Elles durent quatre fois plus longtemps que des bougies à base de paraffine (un dérivé du pétrole), les plus répandues sur le marché. Les bougies végétales, à base de soja, coco ou autre plante, sont un bon compromis, à la fois naturel et permettant de nombreuses couleurs. En allumant votre bougie, sentez que vous invitez à vos côtés les énergies bénéfiques et les forces lumineuses, traitez-les avec respect et attention.

Chaque couleur porte sa propre signification et entre en résonance avec vos travaux, vos demandes ou vos intentions.

- Bougie blanche : vérité, spiritualité, protection, purification, paix, réalisation, guidance, élévation.
- Bougie jaune : succès, vitalité, santé, confiance en soi, communication, créativité, apprentissage, concentration, inspiration.
- Bougie orange : chance, changement, croissance, attraction, ambition, stimulation, courage.
- Bougie rouge : amour, volonté, courage, énergie, guérison, force, fertilité.
- Bougie rose : amour, amitié, beauté, tendresse, apaisement, guérison émotionnelle, régénération.
- Bougie bleue : relaxation, inspiration, créativité, méditation, clairvoyance, sagesse.
- Bougie violette : spiritualité, protection, médiumnité, voyance, sagesse, accès à la connaissance.
- Bougie verte : prospérité, succès, chance, abondance, argent, équilibre, bonheur.
- Bougie noire : ancrage, nettoyage, force, résilience, bannissement, protection, soutien, conjuration.
- Bougie grise : tempérance, objectivité, stabilité, harmonie.
- Bougie marron : protection des biens matériels et des animaux, sécurité.
- Bougie dorée : protection, force, espoir, richesse.
- Bougie argentée : pouvoirs psychiques, perception, réconciliation, intuition, communication.

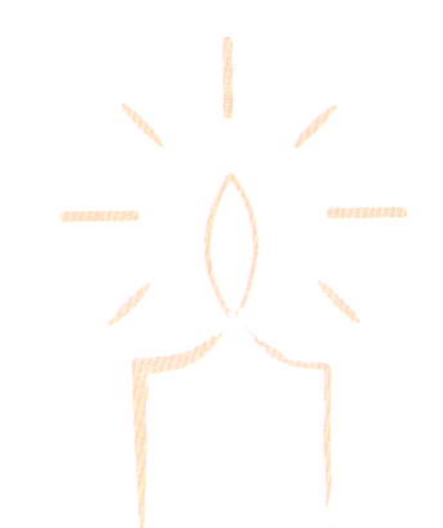

Rituel de divination

Pratique ancestrale, la divination par la flamme de la bougie s'appelle la lychnomancie. Une bougie violette est tout à fait adaptée pour ce rituel. Cette couleur étant liée à la spiritualité, à la médiumnité et à la voyance, elle vous offrira un soutien de taille. Avant de débuter, purifiez votre bougie à l'aide d'un bâton de fumigation afin d'éliminer les énergies négatives potentiellement accumulées dans la cire.

Vient ensuite l'onction de la bougie grâce à une huile végétale que vous badigeonnez de bas en haut si votre rituel vise à vous débarrasser de quelque chose ou, au contraire, de haut en bas si vous souhaitez qu'il vous apporte quelque chose. Ajoutez à l'huile des herbes médicinales en poudre en fonction de leurs propriétés pour soutenir votre intention. Brûlez un encens favorable à la méditation, qui élève vos vibrations et vous facilite l'accès aux plans subtils, installez-vous dans un endroit sombre, à l'abri des courants d'air, posez votre intention ou formulez votre question, votre demande, puis allumez votre bougie. Contemplez la flamme, en laissant votre souffle aller au rythme de ses oscillations, de ses ondulations, concentrez-vous sur sa couleur, sa forme, celle de la cire qui fond, de la fumée. Une fois que vous êtes imprégné de l'énergie de la flamme, laissez venir les idées, images et sensations en lien avec votre demande, sans jugement, en simple observateur. Lorsque vous avez fini, éteignez votre bougie et notez ce qui s'est présenté à vous.

Les plantes magiques d'intérieur

La magie principale des plantes d'intérieur tient à leur capacité à absorber le dioxyde de carbone, qui, combiné à l'eau et à la lumière, permet la photosynthèse, et à rejeter l'oxygène et de la vapeur d'eau, améliorant ainsi la qualité de l'air. Monoxyde de carbone, ammoniac, benzène, xylène, toluène, sont autant de polluants (aussi appelés COV, Composés organiques volatiles) présents dans les foyers à travers les matériaux utilisés dans les murs, les peintures, les colles, le mobilier et les produits ménagers. En plus de leur fonction initiale, certains végétaux absorbent les composés chimiques et éliminent les substances volatiles toxiques présentes dans l'air en les transformant en nutriments ou en les stockant dans leurs tissus. Il s'agit de plantes dépolluantes. En voici quelques-unes : la fougère de Boston permet d'humidifier l'air et de lutter contre l'électricité statique ; l'azalée, le lierre, le dracaena, le philodendron captent le benzène présent dans la fumée du tabac, ainsi que le font le caoutchouc, le ficus et les figuiers pleureurs et à feuilles de sabre pour l'ammoniac et le formaldéhyde ; le palmier bambou absorbe les polluants présents dans les vêtements et tissus (idéalement, vous le placerez à côté du dressing) ; le spathiphyllum est un champion efficace contre tous les polluants.

La présence de plantes, aussi purifiantes et dépolluantes soient-elles, ne dispense pas d'aérer quotidiennement votre habitat et de limiter l'utilisation de matériaux comportant des composants toxiques.

Le bambou de la chance est un petit arbuste réputé pour attirer la bonne fortune, comme le pachira aquatica, l'arbre de jade et le pilea. Le cyclamen, quant à lui, a des pouvoirs de protection et de fertilité. Les plantes-araignées absorbent la négativité et garantissent protection et abondance. L'hévéa porte bonheur et apporte chance au foyer. L'orchidée favorise la circulation des énergies positives, l'amour et la douceur.

Tissez des liens avec vos plantes, parlez-leur, entretenez-les, dépoussiérez leurs feuilles et soyez attentif à leur état afin de savoir si elles occupent la place qui leur convient. Disposez-les dans les pièces en fonction de leurs besoins (luminosité, température, humidité…) et laissez leurs bienfaits se diffuser dans votre nid douillet.

La musique

Ses vibrations transforment les énergies lourdes et basses, élèvent les fréquences, augmentent notre créativité, et peuvent même guérir nos blocages physiques ou émotionnels. Qui n'a pas vu ses émotions changer du tout au tout grâce à une musique particulièrement appréciée ? Si vous êtes fatigué ou de mauvaise humeur, écoutez votre morceau préféré, mettez-vous en mouvement et laissez votre corps suivre la cadence. Avec fluidité, puissance et intensité, vous serez transporté dans un état plus serein et pourrez ensuite reprendre votre journée, les batteries rechargées ! S'il est l'heure d'aller au lit, laissez-vous glisser dans le sommeil avec des sons relaxants qui apaiseront tout votre organisme et réduiront votre stress. Laissez la magie de la musique se répandre dans votre quotidien, vous apporter son énergie, offrir un moyen d'expression supplémentaire à vos proches et aux enfants : votre foyer sera resplendissant de dynamisme et de gaieté.

Les mantras

Éléments essentiels de la discipline yogi, présents principalement dans l'hindouisme, le bouddhisme, le sikhisme et le jaïnisme, les mantras sont des formules (« hymne sacré », « incantation magique », « maxime », en sanskrit) que le yogi répète plusieurs fois avec un certain rythme, lors d'une méditation ou dans le cadre d'un rite religieux. Le pouvoir du son occupe une grande place, car c'est lui qui instaure une énergie particulière autour de la personne qui le récite, dans son environnement extérieur et intérieur. Les mantras ont plusieurs rôles : canaliser l'attention pour atteindre un état méditatif, invoquer une puissance, célébrer une divinité, recevoir une protection, activer les ondes positives, régénérer les différents corps...

Le mantra de protection Aad Guray Nameh est connu pour être l'un des plus puissants.

Il apporte un regain d'énergie, un sentiment de sécurité et une reliance à l'univers à la personne qui le récite. Il donne la force de faire face aux défis, d'avancer, il est un soutien à votre action et indissociable de celle-ci. Ce n'est pas un mantra en lien avec la passivité. Le voici, accompagné de sa traduction pour vous donner une idée de sa signification. Idéalement, vous apprendrez à chanter ce mantra en sanskrit pour respecter ses vibrations. Le réciter quotidiennement, trois fois de suite, de préférence le matin, offre un soutien incontestable tout au long de la journée, pour cheminer dans la vie avec humilité et sagesse, surmonter les épreuves avec force, courage et détermination.

Aad Guray Nameh

Aad Guray Nameh *(Je m'incline devant la sagesse primordiale)*
Jugaad Guray Nameh *(Je m'incline devant la sagesse à travers les âges)*
Sat Guray Nameh *(Je m'incline devant la véritable sagesse)*
Siri Guru Dayvay Nameh *(Je m'incline devant la grande sagesse invisible en nous)*

Le mantra Om est le plus connu, appelé Pranava Mantra, ce qui signifie mantra primordial. Cette syllabe sacrée, associée à un son fondamental et essentiel, contient en elle l'origine du monde, de toute énergie, le commencement et la fin, le « souffle de Dieu » qui ouvre à la conscience universelle. Pour bien le prononcer, inspirez par le nez, sur l'expiration articulez le « O » d'un ton grave et monocorde, en entrouvrant les lèvres, puis fermez la bouche à la fin de l'expiration en contractant les abdominaux pour faire sonner le « MMMMMMM » et le laisser vibrer entre vos lèvres. Répétez-le trois fois en sentant les vibrations émises dans tout votre corps.

Les bienfaits du Om :

- Améliore la concentration.
- Favorise la relaxation, ramène le calme.
- Induit le ralentissement du rythme cardiaque, amplifie la respiration.
- Harmonise et dynamise.
- Stimule les glandes endocrines.
- Active la circulation sanguine.
- Offre un massage vibratoire des organes et viscères.
- Aligne le corps, l'âme et l'esprit.

La consécration des objets

Si vous jugez qu'elle est nécessaire pour vous, alors suivez votre intuition. Il n'y a pas de bonne ou de mauvaise façon de faire, mettez-y du cœur et le tour sera joué ! Consacrer un objet consiste à lui conférer une signification magique en le passant du caractère profane au sacré. Ce rituel le purifie, le charge en énergie et indique l'utilisation que vous allez en faire dans vos pratiques. Par exemple, votre athamé servira uniquement pour vos rituels et pas pour décacheter des enveloppes ou couper le saucisson !

Installez-vous dans un endroit que vous appréciez ou devant votre autel, entouré des objets qui ont du sens pour vous : cristaux, bougies, sel, eau, plumes, morceaux de bois ou trésors de la nature et mettez en place votre cercle magique grâce aux quatre éléments (voir page 61) et invitez les énergies avec lesquelles vous aimez travailler. Ancrez-vous dans l'instant, puis tenez votre objet à deux mains. Passez-le au-dessus de l'encens en disant : « Par les pouvoirs de l'air, je consacre ce (nom de l'objet), qu'il soit chargé des énergies de l'air. » Puis faites de même en le passant au-dessus de la flamme : « Par les pouvoirs du feu, je consacre ce (nom de l'objet), qu'il soit chargé des énergies du feu. »

Passez-le au-dessus du bol d'eau : « Par les pouvoirs de l'eau, je consacre ce (nom de l'objet), qu'il soit chargé des énergies de l'eau. » Et pour finir, passez-le au-dessus du sel : « Par les pouvoirs de la terre, je consacre ce (nom de l'objet), qu'il soit chargé des énergies de la terre. Merci, ô quatre éléments, pour votre présence. À partir de maintenant, j'utiliserai ce (nom de l'objet) pour (utilisation). » Voilà votre objet consacré. Défaites votre cercle comme vous en avez l'habitude, puis rangez votre nouvel outil magique soigneusement jusqu'au prochain usage.

Les pouvoirs mystérieux de l'eau

L'eau source de vie

À l'origine de la vie sur Terre, l'eau en maintient l'existence et représente une condition *sine qua non* à la croissance des différents règnes, humain, animal, végétal. Antoine de Saint-Exupéry écrit :

> « *L'eau n'est pas nécessaire à la vie, elle est la vie.* »

En un mot : elle est essentielle. De sa présence prédominante dans les mythologies du monde entier aux eaux matricielles dans lesquelles baigne l'embryon, puis le fœtus, cet élément primordial joue un rôle central dans la bonne santé de notre organisme.

Dans la médecine chinoise, elle est contrainte par la terre, elle éteint le feu, nourrit le bois et fait fondre le métal. Nous en sommes constitués à plus de deux tiers, chacune de nos cellules en est gorgée. Ses rôles et fonctions sont multiples : elle aide au maintien d'une température constante, participe aux nombreuses réactions chimiques de notre corps, assure le transit de substances nécessaires à nos cellules, comme les nutriments ou l'oxygène, permet l'élimination des déchets métaboliques et lubrifie les articulations et organes. L'eau rythme nos quotidiens, de la douche à la lessive, en passant par la préparation du repas.

Masaru Emoto, chercheur et auteur japonais, est le premier à avoir mis en évidence l'influence des éléments extérieurs sur la structure de l'eau. En fonction des expositions à des fréquences positives (comme le mot « harmonie ») ou négatives (comme le mot « frayeur »), les cristaux d'eau congelés prennent différentes formes, aux structures équilibrées ou chaotiques. Par extension, il a découvert que l'eau possède une mémoire : elle peut être programmée par les vibrations d'un mot, d'un son, d'une écriture, d'une pensée, information qu'elle conserve. Fluide magique par excellence, l'eau absorbe, intègre et se charge des énergies qui l'environnent. Imaginez l'eau des cascades de montagnes, coulant des glaciers ou des neiges d'altitude qui fondent, raviner dans les torrents glacials avant de serpenter dans les vallées préservées. Imaginez ensuite l'eau de votre bouteille en plastique, achetée au supermarché du coin. Sentez-vous la différence de vibration ? L'eau, après avoir été stockée parfois dans de grands hangars, à côté d'innombrables produits, avec des informations sur les étiquettes et les cartons, a besoin de soins pour retrouver sa teinte initiale. De la même manière, être vigilant à la nature de ses pensées, à la qualité des aliments cuisinés et de l'eau bue est un moyen de prendre soin de soi afin d'éviter les déséquilibres cellulaires, physiques, émotionnels. Imaginez l'impact de cette attention sur notre organisme, nous qui sommes constitués de près de 60 % d'eau !

Filtration, dynamisation, information

Parfois impropre à la consommation à cause de la présence de certains sédiments, minéraux, résidus (médicaments, métaux lourds…) et polluants (nitrates, phosphates…), l'eau a besoin d'être filtrée pour retrouver sa pureté initiale. Filtres à membrane, à base de minéraux, à osmose inversée, ionisateurs, filtres UV, infrarouge ou biocéramique, les solutions sont multiples pour lui redonner sa force et sa puissance originelle. En fonction de votre budget, des purificateurs, qui fonctionnent avec une cartouche à charbon actif, peuvent être installés dans votre cuisine afin que votre eau de boisson et de cuisson soit filtrée.

La dynamisation, quant à elle, a pour objectif de faire remonter le taux vibratoire de l'eau, de la remettre en mouvement pour qu'elle libère des ions négatifs et d'activer ses molécules qui ont parfois une structure interne dégradée. En effet, si elle est stockée dans un château d'eau où sont greffées de nombreuses antennes-relais qui émettent des ondes électromagnétiques ou si elle subit des contraintes liées au système de traitement ou de distribution, elle sera dévitalisée. Gardez en tête d'éloigner cet élément des appareils électriques qui altèrent sa qualité.

Pour dynamiser ma bouteille d'eau, après avoir enlevé son étiquette si elle est en plastique, j'aime l'agiter avec vigueur, en faisant des mouvements de lemniscate et en visualisant qu'elle dévale les cascades de haute montagne. Vient ensuite l'étape de la magnétisation. Frottez-vous les mains, placez-les de part et d'autre de la bouteille, puis imaginez les énergies cosmiques descendre sur elle, les énergies telluriques remonter de la terre, concentrées sur la bouteille et l'espace entre vos mains. Vous éprouverez peut-être des fourmillements ou des changements de température. Sentez que ces énergies nettoient, purifient et restaurent le plein potentiel de l'eau. Quand vous sentez que cette étape est terminée, demandez que l'eau soit baignée d'amour, et sentez-la à la fois rayonner au niveau de votre cœur et de vos mains, remerciez-la pour tous ses bienfaits, pour sa présence dans votre vie, dans votre corps. Vous êtes en train de bénir l'eau. La qualité de cette eau est incomparable après sa dynamisation, magnétisation et bénédiction.

En informant l'eau selon vos besoins ou vos intentions, vous pourrez la programmer en fonction des bienfaits que vous souhaitez ressentir. Pour cela, rien de plus simple : écrivez le mot avec votre plus belle écriture sur un morceau de papier que vous glisserez sous votre carafe. Vous pouvez aussi le noter directement dessus avec un marqueur dont l'encre s'efface. Guérison, amour, harmonie, vitalité sont des exemples de mots aux puissantes vibrations.

Pour une application à plus grande échelle, vous pouvez installer, grâce à la visualisation, comme un filtre sur l'arrivée d'eau de votre foyer. Par la force de la pensée et de l'intention, imaginez que vous placez ce filtre à l'extérieur de votre maison, là où arrivent les canalisations. Demandez à ce qu'il laisse passer uniquement les informations bénéfiques, qu'il nettoie et purifie l'eau et transmute toutes ses énergies en énergies d'amour et de lumière pour le bien-être le plus élevé de chaque habitant et du foyer. Ainsi, c'est toute l'eau de la maison qui bénéficiera de ces hautes vibrations.

Visualisation express

Quel que soit son état, l'eau fascine et peut permettre d'instaurer un espace de détente et de relaxation dans le corps. Prenez un instant pour songer à ce qu'elle vous procure. En pensée, écoutez ses gouttes tomber sur le velux, entrez dans un bain à la température idéale ou promenez-vous en bord de mer pour vous laisser bercer par les vagues, allongez-vous à l'ombre d'un grand arbre le long d'une rivière ou marchez dans la neige fraîche sous les aurores boréales. Que se passe-t-il dans votre corps en vous reliant à ces situations ? Quels sont ces images, sons et sensations qui vous viennent ? Si vous habitez loin d'un plan d'eau, plongez-vous régulièrement dans l'une de ces suggestions pour développer un sentiment de plénitude et de bien-être.

Honorer l'eau

Nourrissante, hydratante, désaltérante, guérisseuse, nettoyante, purifiante, soutenante et réconfortante, l'eau est omniprésente, nécessaire et vitale au quotidien. Comme vous l'aurez compris, elle s'imprègne des vibrations de l'environnement et de nos pensées : remerciez-la à chaque occasion qui se présente. Que ce soit l'eau de cuisson des pâtes, celle qui servira à votre prochaine lessive ou à prendre un bain chaud, l'eau utilisée pour le biberon de votre enfant ou celle qui hydrate votre animal de compagnie, traitez-la avec respect et égard. Exprimez-lui votre gratitude, évitez son gaspillage, réfléchissez à la possibilité de récupérer l'eau de lavage des légumes pour arroser les plantes, l'eau de pluie pour laver le sol de votre lieu de vie.

Il existe plusieurs manières simples de l'honorer, à votre mesure, par une activité qui vous plaît. Cela peut être une prière, un dessin aux multiples couleurs sur votre carafe, un temps pris pour la remercier avec les autres habitants, un morceau de musique ou une danse que vous lui dédiez. L'honorer, c'est aussi honorer l'eau en nous.

Lorsque vous vous promenez à côté d'une étendue d'eau, que ce soit l'océan, la mer ou une rivière, vous pouvez vous mettre en lien avec elle, pour lui parler, lui livrer ce que vous avez sur le cœur, pour lui offrir une bénédiction, un soin ou toute autre attention. Si vous avez une question qui vous préoccupe, demandez-lui conseil : méditez en laissant votre regard se poser sur ses mouvements, ses reflets, ses nuances et ses remous. Focalisez votre esprit sur ces différents points, puis laissez venir les idées ou images en rapport avec votre question, soyez comme un simple observateur de ce qui apparaît. Peut-être trouverez-vous une réponse à votre interrogation.

Comme un miroir, l'eau vous renvoie avec lucidité ce qui se cache dans votre cœur.

Nettoyage de l'eau dans notre corps

Boire de l'eau est le premier geste à faire pour nettoyer votre corps et prendre soin de votre peau. De nombreuses personnes au teint terne oublient simplement de s'hydrater correctement ! De l'eau de source ou peu minéralisée sera idéale, mais considérez en premier lieu vos besoins pour savoir celle qui vous est bénéfique. En la buvant par petites gorgées, régulièrement, elle aura le temps d'être assimilée par l'intestin grêle et les toxines et les résidus pourront ainsi être éliminés.

Pour une approche énergétique, vous pouvez réaliser de petits rituels au quotidien, qui ne demandent ni préparation ni matériel spécifique et qui consistent en une simple requête comme celle-ci :

« Je demande que l'eau de mon corps et de toutes mes cellules soit nettoyée et purifiée ici et maintenant. Je demande qu'elle soit inondée de lumière et d'amour pour que son plein potentiel soit restauré. » Comme nous l'avons vu précédemment dans cet ouvrage : demandez, vous recevrez !

Associés au sel, les pouvoirs guérisseurs et purificateurs de l'eau sont décuplés. Une demi-tasse de sel fin dans un seau d'eau chaude permettra de désinfecter et nettoyer vos sols physiquement et énergétiquement, tout en les rendant plus brillants.

Boire en conscience

Remplissez d'eau un bol que vous appréciez particulièrement. Tenez-le à deux mains à hauteur de votre cœur, et ressentez tout l'amour qui habite votre poitrine. Voyez-le s'expanser, de l'intérieur vers l'extérieur de votre corps, jusqu'à inonder cette eau. Éprouvez un profond sentiment de gratitude pour ce liquide sacré, qui vous renvoie comme un miroir la valeur de chacune de vos cellules.

L'eau de lune

Formulez votre intention, par la pensée ou en écrivant sur un morceau de papier, puis remplissez une bouteille en verre d'eau de source. Les nuits de pleine lune, une fois que le soleil est couché et avant qu'il ne se lève, exposez votre bouteille à son rayonnement. Votre eau se chargera de l'énergie lunaire. Différentes utilisations s'offrent à vous : purification de vos cristaux, nettoyage de vos sols, arrosage de vos plantes, ou en addition à l'eau de votre bain pour des vertus fortifiantes ou nettoyantes.

Le sommeil, pilier de mon équilibre

Pierre angulaire de notre équilibre, le sommeil occupe une place majeure dans notre quotidien : nous passons près d'un tiers de notre vie à dormir !

Même s'il reste encore bien mystérieux, sa qualité est déterminante dans le maintien d'une bonne santé. Autant mettre toutes les chances de votre côté pour qu'il soit doux et régénérant, pour lui apporter soin et l'entourer de toute votre attention.

Le sommeil, élément crucial du bon fonctionnement de notre organisme

Le sommeil correspond à une réduction de l'état de conscience qui sépare deux périodes d'éveil et se caractérise par une diminution du tonus musculaire, une baisse de vigilance et une conservation partielle de la perception sensitive.

Il se structure généralement en quatre à six cycles d'une durée de quatre-vingt-dix à cent vingt minutes en fonction des besoins et de l'âge de chacun, et chaque cycle est lui-même composé de plusieurs stades successifs.

Lent, profond, paradoxal, les visages du sommeil sont multiples et aussi essentiels les uns que les autres. Grâce à son rôle réparateur, nous pouvons récupérer sur différents plans, physique, psychologique, intellectuel et émotionnel. Sécrétion de l'hormone de croissance pour faciliter le renouvellement cellulaire, éliminations des toxines accumulées au cours de la journée, restauration et régulation de diverses fonctions du métabolisme, stimulation du système immunitaire, amélioration de l'apprentissage, voici quelques-unes des tâches régies par le sommeil.

L'endormissement lui-même est un phénomène complexe, résultant d'une combinaison de paramètres (biologiques, physiologiques et environnementaux), dans lequel vous avez un rôle à jouer. À vous de vous entourer d'énergies positives, enveloppantes, propices à entrer en douceur dans le royaume de Morphée.

L'hormone du sommeil

La production de mélatonine s'accroît quand la luminosité diminue. Sécrétée par la glande pinéale, cette hormone facilite l'endormissement et participe à la synchronisation de votre horloge biologique avec le rythme circadien. Ce rythme biologique correspond à l'horloge interne du corps humain. Il prend la forme d'un cycle d'environ vingt-quatre heures et régit certains processus physiologiques, comme le sommeil et l'alimentation.

Dix habitudes bénéfiques à adopter

1 Ne vous exposez pas aux écrans le soir : éteignez-les au moins une heure et demie avant de vous coucher pour favoriser la production de mélatonine. Prenez l'habitude de relever vos mails et vos messages une fois avant le repas et laissez votre téléphone dans la pièce principale. Vous n'en avez pas besoin pour dormir et ainsi vous ne serez pas tenté de le regarder toutes les dix minutes. Préférez la lecture, l'écoute d'une musique douce ou la méditation au visionnage d'un film.

2 Respectez votre rythme. Il est individuel et propre à chacun. Si vous ressentez de la fatigue, et que vous avez fait tout ce qui vous semble nécessaire, allez vous coucher. Écoutez votre corps : bâillements, sensation de froid, yeux qui piquent sont des indicateurs annonciateurs du sommeil. Plus vous serez régulier dans vos heures de lever et de coucher, meilleur sera votre équilibre.

3 Préparer la veille vos affaires pour le lendemain, votre tenue, la table du petit-déjeuner ou le cartable des enfants. Vous aurez l'esprit tranquille, gagnerez du temps et commencerez la journée en douceur, sans vous précipiter sur la liste des choses à faire.

4 Rappelez-vous que la chambre est la pièce où vous dormez. Préserver cet espace revient à préserver votre sommeil : ne laissez pas votre travail ou vos préoccupations s'y installer. Ce n'est pas non plus le lieu pour aborder des sujets épineux avec votre conjoint. Votre chambre est un espace sacré où vous vous ressourcez, vous régénérez.

5 Pour passer de bonnes nuits, mieux vaut dîner léger, éviter les excitants, comme le thé ou le café, ainsi que l'alcool, les aliments gras et sucrés. La digestion demande de l'énergie et peut perturber le sommeil. Il serait bon de laisser s'écouler trois heures entre la fin du dîner et le coucher. La qualité de vos rêves s'en trouvera même améliorée.

6 Hydratez-vous bien tout au long de la journée. Pour éviter les petits besoins nocturnes, vous pouvez arrêter de boire de grandes quantités deux heures avant le coucher.

7 La température idéale pour bien dormir se situe autour de 16 °C. Une bonne couette vous permettra de rester au chaud tout en ayant un sommeil réparateur.

8 Évitez toute pratique sportive intense au moins deux heures avant d'aller au lit. La température de votre corps pourra redescendre et être optimale avant l'endormissement.

9 Pensez à éteindre les appareils électroniques et à les débrancher si possible. Même en veille, ils émettent des ondes qui peuvent perturber vos nuits.

10 Le matin, aérez votre chambre dès le lever, cela permettra de renouveler l'air, et de purifier l'espace en un temps record. Une dizaine de minutes suffit à donner un nouveau souffle à cette pièce.

S'entourer de belles énergies

Lieu de repos, de romance et de retraite, la chambre est votre cocon. Pour vous préparer au coucher, privilégiez les lumières tamisées qui favorisent la détente et la relaxation. Veillez à réduire vos activités, peut-être même le volume de votre voix, les mouvements de votre corps. Ritualisez ce temps de préparation à votre guise, créez un ancrage positif et savourez chaque jour ces minutes précieuses qui entraînent votre corps à passer de l'état éveillé au sommeil en toute légèreté.

Vous pouvez prendre un temps pour vous, en position assise à côté ou sur votre lit, pour revenir en votre centre. Revenir à soi permet de restaurer le calme intérieur. Laissez filer et se dissoudre, doucement, les événements de la journée, l'espace libre se faire à l'intérieur de votre tête. Par une simple intention, rassemblez-vous dans votre temple, en votre cœur. Voici un exemple de phrase : « Je me recentre autour de mon axe ici et maintenant, je rassemble tous mes corps pour cette belle nuit qui s'offre à moi. »

S'il vous est plus difficile de faire le vide, de laisser passer les pensées sans vous y attacher, avoir un joli carnet à portée de main peut être d'une grande aide : notez ce que vous avez en tête. Une fois les pensées déposées sur le papier, votre esprit sera plus léger et clair.

Rituel de gratitude

Prenez votre plus beau carnet et un joli stylo avec lequel vous avez plaisir à écrire. Recentrez-vous, fermez les yeux et faites trois profondes respirations. Notez ensuite trois points de votre journée pour lesquels vous éprouvez de la gratitude. Pour chacun d'eux, ressentez-la dans votre corps, comme une douce chaleur qui part du cœur et rayonne dans toutes vos cellules. Gratitude pour la chaleur du soleil sur ma peau, merci pour l'écoute attentive de mon compagnon, gratitude pour mes pieds qui m'offrent un soutien quotidien, merci pour l'eau chaude de la douche. Que ce soit de petits bonheurs ou de grandes joies, remerciez, encore et toujours. Pensez à vous remercier pour qui vous êtes, vos proches pour qui ils sont. La vibration de la gratitude est puissante, son pouvoir est immense. Il augmente vos fréquences, favorise un sommeil de meilleure qualité, des rêves plus intenses et clairs, réduit le stress.

Merci

Respirez, recentrez-vous, puis distinctement dites « merci ». Que se passe-t-il dans votre corps ? Que ressentez-vous ? Observez toutes les sensations physiques qui se présentent. Prenez conscience des vibrations de ce mot et de son impact dans la matière !

Respirer ici et maintenant

La respiration est un merveilleux moyen de faire plus d'espace à l'intérieur, de ralentir le rythme cardiaque et de calmer le système nerveux. Je vous en propose trois différentes, à vous de trouver celle que vous préférez. Je vous conseille de les pratiquer en position assise plutôt qu'allongée pour une efficacité optimale.

1 La cohérence cardiaque

Idéale pour ressentir un calme et un apaisement immédiat, cette méthode s'appuie sur une respiration en 2 temps. Le principe est de faire 6 respirations par minute (inspirer 5 secondes, expirer 5 secondes), pendant 5 minutes, et de renouveler régulièrement cet exercice pour des bénéfices à long terme, l'idéal étant de s'y consacrer trois fois par jour, matin, midi et soir.

2 Respiration carrée

- Cette technique de relaxation yoguiste est basée sur 4 temps parfaitement égaux. Vous pouvez commencer par 4 phases de 4 secondes. Elle vous permettra de chasser le stress, de mieux vivre vos émotions, et peut se pratiquer également au cours de votre journée, après un moment de colère ou avant un événement qui vous demande de la ressource.
- Relâchez bien votre mâchoire inférieure, puis inspirez par le nez (4 secondes).
- Bloquez votre respiration, retenez l'air présent dans vos poumons (4 secondes).
- Expirez par le nez (4 secondes).
- Prenez un temps poumons vides (4 secondes).

3 La respiration consciente

Respirer en pleine conscience consiste à porter votre attention sur votre respiration, à ramener votre conscience dans l'instant présent. Thích Nhất Hạnh, moine vietnamien et pionnier du bouddhisme et de la pleine conscience en Occident, invite ainsi à respirer, à chaque inspiration et expiration :

« J'inspire, je sais que j'inspire.

J'expire, je sais que j'expire.

J'inspire, je suis toute la longueur de mon inspiration, du début à la fin.

J'expire, je suis toute la longueur de mon expiration, du début à la fin. »

Fixer un ancrage

Le simple fait de toucher un cristal ou de dire « bonne nuit, la vie ! » tous les soirs avant de vous endormir constitue déjà un rituel. Celui-ci va permettre de créer un ancrage positif, synonyme pour votre corps que l'heure du sommeil est venue. Au fil des jours, ce geste ou cette phrase suffira à vous endormir en un temps record.

Se préparer à dormir, un précieux temps pour soi

Les problèmes de sommeil sont généralement liés au stress. C'est la raison pour laquelle il est primordial d'agir à la source pour retrouver l'équilibre. La première étape est d'identifier les causes de ce stress, la seconde de trouver et mettre en place des solutions visant à y remédier. Se faisant, les tensions nerveuses et physiques qui contraignent l'organisme et le conduisent à l'épuisement disparaîtront.

Divers outils peuvent être des ressources. Ils viennent soutenir ce processus de libération des tensions. À vous de trouver la combinaison qui vous procure une sensation de bien-être, relaxe votre corps et allège votre esprit. Le recours à la psychothérapie ou aux thérapies brèves (hypnose, PNL, EFT, EMDR, sophrologie, constellations familiales...) offre des solutions, tout comme la sagesse millénaire de l'ayurveda ou l'homéopathie. Ici, nous parlerons des huiles essentielles, des plantes et des cristaux.

La quintessence des plantes au service de votre sommeil

L'aromathérapie permet de soigner par les huiles essentielles. Ces extraits liquides, distillés à partir de l'essence de la plante aromatique, agissent sur la santé physique et mentale. Ils harmonisent ce qui a besoin de l'être tout en soutenant le processus de guérison. Qu'elles soient issues de fleurs, de feuilles, de bois, de racines, d'écorces ou de fruits, leur champ d'application est large : de l'entretien de la maison aux traitements de maladies, en passant par la réalisation de produits cosmétiques ou de recettes de cuisine. Il est important de respecter les dosages, que ce soit en usage externe ou interne, en olfaction, en diffusion, et de vous référer à un pharmacien, médecin ou aromathérapeute qui saura vous conseiller. Si vous êtes enceinte ou que vous allaitez votre enfant, il est déconseillé de les utiliser.

Ponctuelles ou chroniques, les insomnies touchent près de 16 % de la population et se traduisent par des difficultés d'endormissement ou un sommeil avec des réveils nocturnes.

Pour lutter contre ce phénomène, appliquez deux gouttes de camomille noble, de mandarine et de ravintsara trente minutes avant le coucher sur votre plexus solaire. Si vous ressentez des palpitations, le même dosage de camomille noble et de mandarine est préconisé. Une goutte de marjolaine sur le plexus solaire fera aussi des miracles. Ne mixez pas les différentes propositions, essayez celle qui vous appelle le plus !

En diffusion, mélangez à parts égales l'huile essentielle de mandarine, de ravintsara et de petit grain bigarade, diffusez dans la chambre pendant une heure avant d'aller dormir.

Pour des gélules à prendre au dîner et au coucher, demandez à votre pharmacien de les préparer avec 25 mg d'huile essentielle de marjolaine, 20 mg de ravintsara, 10 mg de petit grain bigarade, 10 mg de basilic et 5 mg de lédon du Groenland.

Pour les syndromes de « jambes sans repos », qui invitent à se lever pour trouver le repos et la paix dans le corps, et sont souvent accompagnés d'insomnies, massez vos jambes du bas vers le haut en ajoutant à une cuillère à soupe d'huile végétale d'arnica une goutte d'huile essentielle de lavande officinale, deux gouttes d'huile essentielle de marjolaine, trois gouttes de cyprès.

Bon à savoir

La lavande officinale soulage les troubles d'origine nerveuse (insomnie, nervosité, migraines), comme le lavandin, qui favorise un sommeil réparateur et évite les réveils nocturnes.

La mandarine, puissant antistress, calme l'anxiété. Elle est également idéale pour les tout-petits et les bébés.

La camomille noble détend, dénoue, apaise et combat l'irritabilité, l'insomnie et la fièvre.

La mélisse joue un rôle anti-insomnie : une goutte dans une cuillère de miel ou d'huile au coucher facilite l'endormissement.

Tisanes magiques

Pour obtenir de délicieuses tisanes, mettez les plantes dans l'eau froide, puis portez à ébullition, coupez le feu et laissez infuser entre trois et dix minutes, en fonction de la plante, de son état (fraîche ou séchée), de la partie utilisée. Idéalement, il est conseillé de la boire trente à quarante minutes avant le coucher pour un effet optimal sur votre sommeil. Portez votre attention sur tout le processus, du moment où vous versez l'eau dans la casserole à celui où vous remplissez votre tasse, remerciez l'eau, les plantes, pour leurs bienfaits : ils n'en seront que plus grands. Voici un tour d'horizon des plantes qui vont changer vos nuits.

Si la fumigation de **tilleul** a un pouvoir calmant et apaisant, que brûler la poudre de tilleul redonne de la joie de vivre, c'est assurément la tisane qui est recommandée contre les insomnies, les cauchemars et les affections nerveuses. Elle permet de s'endormir plus vite en remédiant au surmenage intellectuel, en diminuant les sensations d'agitation et d'anxiété.

Dosage : une poignée de fleurs pour deux tasses.

Comme le tilleul, le **millepertuis** a une action calmante sur les nerfs, il favorise le sommeil et améliore sa qualité, et soulage toutes les perturbations liées au stress. La tisane est idéale contre les nuits agitées et le somnambulisme.

Dosage : une cuillère à café de sommités fleuries pour un quart de litre d'eau, faites bouillir rapidement et laissez infuser peu de temps.

Si vous préférez, vous pouvez utiliser la teinture mère de millepertuis, qui aura un effet positif sur votre humeur et votre sommeil.

Recette : dans un litre d'eau-de-vie, faites macérer deux poignées de fleurs cueillies sous le soleil et laissez reposer la bouteille trois semaines au soleil ou près d'une source de chaleur. Ajoutez quelques gouttes à une tisane, ou à une huile de massage pour un usage externe.

Pour les sueurs nocturnes, pendant plusieurs jours jusqu'à amélioration, buvez le matin à jeun une tasse de tisane de 20 g de **sauge**, **d'alchémille** et de **prêle des champs**. Les herbes fortifieront l'organisme, feront disparaître les sueurs et la fatigue qui les accompagne.

La **valériane**, la **passiflore**, le **magnolia**, la **camomille**, la **lavande**, la **mélisse** et la **verveine** sont également des plantes que vous pouvez utiliser en tisanes, elles réduisent le stress, l'anxiété, et apportent apaisement et relaxation au corps et à l'esprit. Mettez-vous en lien avec chacune de ces plantes pour savoir celle qui vous sera la plus bénéfique, écoutez ce que disent votre corps et votre cœur.

Le pouvoir des cristaux

Pour choisir au mieux votre pierre, définissez d'abord vos besoins. Privilégiez le cristal naturel brut à la pierre polie, achetez auprès de vendeurs passionnés qui sauront vous parler des pierres et vous conseiller celle qui vous aidera à gérer vos problèmes de stress, de cauchemars, d'insomnie ou de sommeil perturbé.

Comment les utiliser ? Rien de plus simple ! Vous pouvez les poser sur votre table de nuit et prendre contact avec elles. En fonction de vos besoins, demandez à celle que vous choisissez de vous accompagner la nuit, de favoriser vos rêves, ou d'apaiser votre anxiété. Vous pouvez aussi prendre un temps pour méditer avec elle, en la posant sur votre cœur, en prenant plusieurs profondes respirations et en écoutant le message qu'elle vous délivre. L'important est bien de se mettre en lien avec la pierre, de la laisser entrer en résonance avec votre personne. Créez un contact unique avec chacune d'elles. Tenez-les dans vos mains, posez-les sur votre cœur, respirez, sentez ce qui bouge à leur contact, bénéficiez de leurs vertus, remerciez-les. Pensez à les purifier et à les nettoyer régulièrement.

Il est aussi possible qu'une pierre ne vous attire plus pendant un certain temps, tout est juste, rangez-la à l'abri de la lumière ou profitez-en pour la nettoyer. Vous pourrez y revenir plus tard si vous ressentez un nouvel appel. Pensez bien à la remercier pour les services rendus.

Souvenez-vous que la lithothérapie offre seulement une réponse complémentaire et alternative à vos troubles.

Le **quartz rose** diffuse douceur, tendresse et apaisement. Il équilibre votre état émotionnel, relationnel et apporte un sentiment de calme. Il s'associe idéalement à l'hématite pour les troubles du sommeil : ensemble, ils favorisent l'endormissement et instaurent un sommeil profond. Utilisée seule, **l'hématite** donne confiance et inspire un sentiment de sécurité, elle accompagne positivement les périodes de changement et la capacité de résilience. Avec la **malachite**, fini les ruminations et les angoisses, les énergies négatives sont éloignées. **L'améthyste** est reconnue pour absorber les « mauvaises pensées », réduire le stress et l'angoisse. En favorisant la clarté mentale, elle permet des rêves plus précis et repousse les cauchemars. Le **jade** facilite quant à lui les rêves prémonitoires, et soutient les processus de libération émotionnelle, l'harmonie de l'esprit en apportant courage et paix. Pour un sommeil réparateur, continu, et sans mauvais rêves, choisissez la **lépidolite** ou la **serpentine**, réputées pour agir contre le stress et les angoisses. La **howlite** est une alliée de taille pour apaiser les tourments émotionnels et éloigner les terreurs nocturnes. La **cyanite** permet de maintenir en équilibre le corps, le mental et les émotions. Elle favorise un sommeil paisible, car elle élimine stress et fatigue physique. Pierre d'ancrage par excellence, la **tourmaline noire** aide à garder les pieds sur terre. Elle fait redescendre nos énergies du haut vers le bas, protège des ondes électromagnétiques et nous invite ainsi à mieux dormir. Le **lapis-lazuli** donne un sens plus profond aux rêves. La **moldavite**, quant à elle, les intensifie, favorise les expériences de sorties de corps et facilite la clairvoyance. Et si vous avez du mal à trouver le sommeil, prenez un temps pour respirer avec la douce **sélénite**.

Témoignage : l'acupuncture

Après avoir vécu une épreuve difficile, je me réveillais sans cesse à cinq heures du matin, dans un état proche de la crise d'angoisse. J'ai décidé de me rendre chez mon acupuncteur. En une séance, elle a su mettre des mots sur le traumatisme que mon corps avait enregistré, rééquilibrer ce qui devait l'être, et dès le lendemain, je dormais à nouveau comme un bébé. À chacun de trouver l'outil qui lui correspond pour retrouver le chemin du bien-être.

Le hamac

Vous avez mal au dos et les insomnies n'ont plus de secrets pour vous ? Essayez le hamac, vous l'adopterez !

Nombreux sont ceux qui l'utilisent pour se relaxer en été à l'ombre d'un arbre, en revanche les bienfaits des nuits en hamac sont souvent ignorés. Loin du modèle en filet que l'on fixe dans le jardin, les hamacs de bivouac sont étudiés pour un sommeil optimal. Il a été prouvé que dormir en hamac est bénéfique pour la santé. Les légers balancements permettent de s'endormir rapidement, d'avoir un sommeil réparateur et plus profond. Comme un cocon protecteur rappelant les bercements maternels, le hamac détend et offre un véritable lâcher-prise.

S'adaptant à votre morphologie, la toile enveloppe votre corps et soutient votre poids, apaisant ainsi les douleurs dorsales, cervicales, lombaires et les sensations de jambes lourdes. L'oscillation du hamac stimule votre cortex cérébral, acteur indispensable dans les fonctions cognitives comme la motricité, le langage ou la mémoire. Votre concentration et vos capacités mentales s'en trouvent améliorées.

Alors, si aucune forêt ne se situe à proximité de votre foyer, fixez des crochets aux poutres ou aux murs, et accrochez un hamac pour goûter à ses vertus !

Retour à soi

S'entourer de belles énergies et se préparer à dormir représentent un temps important de retour en son centre. De la même manière, se réveiller implique des réflexes similaires. Après une nuit de sommeil, à se régénérer, à rêver, pensez à vous recentrer, à bien réintégrer votre corps en posant votre attention sur chaque partie. Sentez-vous bien présent et prêt à vous lever pour vivre cette nouvelle belle journée.

Un cocon pour les enfants

Parfois redoutée des parents, l'heure du coucher est un temps fort de la journée des enfants. Pour préparer au mieux ce passage, l'anticipation est la clef. Un dîner pris tôt et à la même heure chaque jour ancre une routine et facilite le futur coucher. Favorisez les activités calmes durant l'heure qui le précède. Côté état d'esprit, montrez l'exemple : restez détendue, diminuez le volume de votre voix, insinuez l'apaisement, par résonance cela s'en ressentira sur le comportement de votre enfant. Pour un espace cocon, misez sur des lumières tamisées et douces, une bonne aération de la pièce pour une température optimale, et veillez à ce que le bruit du salon soit réduit afin qu'il ne soit pas perçu de la chambre. L'ambiance doit être propice à la relaxation. Concernant l'aménagement, disposez si possible le lit dans un angle, face à la porte pour que l'enfant puisse voir qui entre et sort. Cela contribuera à sa sécurité et donc à un sommeil serein !

La routine du coucher se divise en trois étapes : la première concerne l'hygiène, le changement de couche ou le lavage de dents, le passage aux toilettes, une douche ou un bain rapide. La deuxième vise à favoriser la détente, à travers des massages ou la lecture d'une histoire. Les contes renforcent les facultés de langage, enrichissent le vocabulaire et structurent le développement de l'enfant. Ne faites pas l'impasse sur ces bienfaits !

Gardez un temps pour l'affection, pour les bisous, les câlins, les mots doux, tout ce qui fait votre complicité avant de quitter la pièce en douceur. Petite astuce : placez de l'eau sur la table de nuit, l'enfant l'aura à disposition, cela lui évitera de se relever. De la même manière, il peut avoir un pot de chambre pour limiter ses déplacements dans la maison. Voilà votre enfant prêt à passer une belle nuit dans son nid douillet !

Quelques outils magiques du dodo

- Source de réconfort, de sécurité, le **doudou** accompagne l'endormissement et les réveils nocturnes.
- Le **yoga** favorise le calme. Différentes postures adaptées aux enfants peuvent être pratiquées un à deux soirs par semaine pour varier la routine du coucher.
- Une sphère de **quartz rose** posée dans la chambre diffuse des énergies douces et réconfortantes, apporte amour et tendresse et repousse les énergies négatives.
- Une pierre roulée de **cordiérite**, glissée sous l'oreiller, éloigne les cauchemars, harmonise le sommeil et atténue les angoisses. La **lépidolite** fait également obstacle aux cauchemars et aide à trouver un sommeil apaisant.
- La **respiration carrée** (voir page 150) peut être pratiquée par petits et grands pour accueillir une sensation de bien-être dans tout le corps.
- Fabriquez avec votre enfant une **boîte à cauchemars** dans laquelle il les glissera sous forme de dessins. Pour la programmer à transmuter les cauchemars en énergie d'amour et de lumière, invitez votre bambin à dire une prière comme « Merci, chère boîte, de transformer tous les cauchemars en jolis rêves, merci, merci, merci ! »
- Un **attrape-rêve** accroché à la fenêtre ou au-dessus du lit laisse passer les rêves, et retient les cauchemars dans sa toile. La lumière du jour les dissoudra au matin.

Quelles plantes pour mon petit ?

Que ce soit du côté de l'aromathérapie, de la phytothérapie ou de l'homéopathie, de nombreuses solutions naturelles existent pour aider votre enfant à bien dormir. Même avant six mois, il est possible d'avoir recours à la magie des plantes. Pour qu'elles puissent être utilisées chez les tout-petits, elles ne doivent contenir aucun perturbateur endocrinien, n'avoir ni action néfaste sur le cerveau ni action hormonale. Choisissez-les bio de préférence, ou de provenance locale.

Passiflore, camomille, fleur d'oranger et tilleul sont des alliés aux vertus sédatives prouvées, que les plantes soient prises en tisane ou en sirop. En homéopathie, c'est *gelsemium sempervirens* en 9CH qui régulera les troubles du sommeil. Demandez conseil à votre pédiatre.

Le bain de tilleul apporte une aide instantanée au **sommeil agité** chez les enfants. Assurez-vous d'abord que l'emplacement du lit n'est pas responsable de la situation, qu'il ne se trouve pas sur un point géopathogène, ou proche d'une cheminée cosmotellurique (voir page 50 géobiologie de l'habitat). Remplissez à moitié un grand seau de fleurs séchées de tilleul (de préférence cueillies au soleil), et faites-les macérer une nuit dans l'eau froide. Le lendemain, réchauffez cette décoction, puis versez-la dans l'eau du bain : pendant vingt minutes, votre enfant profitera de ses bienfaits. Vous pouvez réutiliser cette eau deux fois.

Pour apaiser votre enfant avant le coucher, vous pouvez ajouter à l'eau du bain cinq gouttes d'huiles essentielles de petit grain bigarade et cinq gouttes d'huile essentielle de lavande officinale. Après vingt minutes, il sera prêt pour un sommeil réparateur et profond.

L'énurésie, qui concerne 15 % des enfants de plus de 5 ans, aussi appelée « pipi au lit », correspond à une vidange complète, involontaire et inconsciente de la vessie. Souvent, ce trouble s'accompagne d'un mal-être : l'enfant est mal à l'aise de se réveiller dans les draps mouillés, il culpabilise de ne pas savoir comment faire autrement, son estime de lui diminue... Le meilleur des réflexes est de ne pas le disputer et de chercher à comprendre d'où vient ce trouble avec l'aide d'un professionnel. Dédramatisez ! Réaction émotionnelle, physique, mécanique, il est parfois difficile de trouver la réponse. L'élixir Cherry Plum, un élixir du Dr Bach, soulage les enfants qui ne peuvent se retenir : quatre gouttes quatre fois par jour pendant un mois. Il existe également des mélanges de Fleurs de Bach spécialement conçus pour lutter contre ce trouble. À vous de voir celui qui conviendra le mieux à votre enfant.

Voici différentes tisanes qui soignent l'énurésie :

- Tisane de millepertuis : 1 cuillère à café de sommités fleuries séchées pour 250 ml d'eau bouillante, dix minutes d'infusion, préparation à boire deux fois par jour, matin et après-midi.
- Tisane d'achillée millefeuille : 2 g des parties aériennes infusés dans 200 ml d'eau bouillante pendant dix minutes.
- Tisane de barbe de maïs : 1 cuillère à café de barbe de maïs pour 250 ml d'eau, faites infuser rapidement.

Du côté des huiles essentielles, pour les enfants de plus de 3 ans, deux gouttes de camomille noble et de cyprès sur le plexus solaire trente minutes avant le coucher feront des miracles. Vous pouvez également demander à votre pharmacien de vous préparer le mélange suivant : huile essentielle de cyprès (5 ml), huile essentielle de marjolaine (2 ml), huile essentielle de myrrhe (1 ml), huile végétale de noisette (7 ml). Appliquez trois à quatre gouttes sur le plexus solaire, la voûte plantaire, la face interne des poignets et la colonne vertébrale matin et soir.

Pour renforcer l'atmosphère cocooning de la chambre, vous pouvez diffuser des huiles essentielles pour calmer les enfants et les préparer à un sommeil réparateur. La lavande fine, la mandarine, l'orange douce sont idéales pour cette application.

Le spray magique

Avec votre enfant, réalisez un spray magique anti monstres. Il pourra le pulvériser dans sa chambre si son sommeil est perturbé ou s'il ne parvient pas à s'endormir pour cause de « Maman, Papa, il y a des monstres sous mon lit ! » L'incapacité à agir face aux peurs entraîne un stress ou une inhibition à l'action. Le fait de mettre en œuvre ce rituel contribue à donner à votre enfant de l'assurance face à ses peurs, et à lui montrer qu'il peut agir quand elles surviennent.

Pour préparer le spray, procurez-vous de l'eau de source, remerciez-la pour son aide et sa présence, et ajoutez-y une pincée de sel, remerciez-le également pour son soutien. Remerciez ces deux éléments pour la protection qu'ils vous apportent, pour leur pouvoir de transmuter les énergies négatives en énergies d'amour et de lumière.

Ajoutez une goutte d'huile essentielle de mandarine, réputée pour apaiser et détendre, son odeur sucrée apportera de la magie au mélange. Ou bien optez pour l'huile essentielle de lavande (ou quelques grains de lavande si vous en avez), indiquée pour la nervosité, les troubles du sommeil et le stress.

Visites nocturnes

Il peut arriver que votre sommeil soit perturbé par des réveils soudains, accompagnés de sensations de présence. C'est comme si vous n'étiez pas seul dans la pièce. Rassurez-vous, tout va bien. Vous sentez sûrement des âmes errantes de passage, qui se trouvent dans votre maison ou de proches décédés venus vous rendre visite. Notre sommeil est pour eux le meilleur moment pour tenter de communiquer, délivrer un message ou demander de l'aide. Respirez, recentrez-vous et faites-leur comprendre avec détermination que ce n'est pas le moment de vous solliciter, que c'est votre temps de sommeil et que vous traiterez les demandes plus tard (ou vous contacterez une personne dont c'est le rôle). Vous pouvez leur envoyer de l'amour et de la lumière, avec le cœur, et sentir ces sensations grandir en vous et à l'extérieur de vous. Ces âmes ont souvent besoin d'être inondées de lumière et d'amour, réconfortées, et accompagnées pour passer dans la lumière.

Le lendemain, contactez un professionnel, un passeur d'âmes, si nécessaire. Si vous n'êtes pas habilité à nettoyer, aider ces âmes à monter dans la lumière ou à recevoir les messages des défunts, ne commencez pas le travail.

Nos proches défunts peuvent également utiliser nos rêves pour nous délivrer un message. Ces rêves laissent généralement une impression différente des rêves classiques, vous aurez sûrement la sensation que ce contact était bien réel.

La magie en cuisine

Au cœur du sacré, de la préparation à la dégustation

Espace sacré par excellence, abritant le feu du foyer, la cuisine est le lieu de préparation des aliments, mais aussi celui de la transmission et du partage. Grâce au cuisinier ou à la cuisinière, l'amour s'invite dans les assiettes et à votre table, plusieurs fois par jour. Ces temps de partage réunissent les habitants et sont l'occasion de développer plus encore la magie de la vie. Même si vous vivez seul, accordez une place de choix à cette magie-là. Cuisiner demande une disponibilité d'esprit et une présence à soi de qualité, car de la nature des pensées découlera la saveur des plats. Si vous préparez une soupe avec les délicieuses courgettes du jardin, dont vous vous êtes occupé avec amour, en étant triste et en colère, en ressassant les raisons de votre peine, alors votre soupe n'aura aucun goût… si ce n'est peut-être celui de votre tristesse. Au contraire, lorsque vous cuisinez avec joie, avec l'intention de passer un moment riche avec votre famille, en étant dans la gratitude d'avoir de si beaux aliments à préparer, vous constaterez que chacun autour de la table rayonnera pendant le repas.

La magie de la cuisine se met au service du bien-être en passant par l'assiette.

Tout ce qui est vécu autour du fourneau teinte le foyer, ceux qui y demeurent, et ce qui les nourrit. La manière dont vous occupez cette pièce, la facilité à circuler dans l'espace, la qualité des aliments, la présence de la lumière adéquate et d'ustensiles adaptés, le mode de cuisson, la teneur de vos pensées, votre humeur, tous ces paramètres ont leur importance et leur influence propre.

Du moment où vous faites vos courses à celui où vous passez à table, adressez votre gratitude à ce que vous touchez, à ce que vous utilisez, du couteau qui vous sert à émincer au réfrigérateur qui conserve certains de vos aliments, en passant par les produits eux-mêmes et l'eau qui nettoie vos mains.

Pour que la magie se mette à l'œuvre, un magicien doit être bien équipé. En cuisine, il en est de même : minimisez les ustensiles, mieux vaut en avoir moins, mais efficaces dont vous n'êtes jamais déçu. Avez-vous vidé vos placards dernièrement ? Toute votre vaisselle est-elle utilisée ? Aimez-vous tous vos plats ? Buvez-vous dans toutes les tasses ? Servent-elles à vos invités ? Un petit tri de temps en temps pour faire le point sur ce dont vous vous servez n'est jamais de trop. Si une casserole n'est utilisée que deux fois par an, peut-être n'a-t-elle plus sa place dans le rangement principal… Votre vieil économe cassé attend une potentielle réparation ? Je suis certaine que vous en trouverez un autre bientôt, tout aussi efficace. Comme dans votre vie, faites de la place dans vos tiroirs pour qu'il y ait l'espace disponible pour accueillir de nouveaux ustensiles. N'avoir dans votre cuisine que des objets que vous utilisez est peut-être un objectif à atteindre ! Si cet argument peut peser en faveur de votre vieux plat en terre cuite : la saveur des aliments que vous y cuisez sera magnifiée par l'élément terre. L'argile présente dans ce mélange de terre favorise l'équilibre du pH des acides durant la cuisson et l'enrichit en minéraux.

Amour et nourriture

Réconfortante, apaisante, essentielle ou encore frustrante, écœurante, la nourriture suscite différentes émotions et réactions. Le rapport que nous entretenons avec elle varie selon le vécu de chacun. Parfois, les mémoires qui s'inscrivent à la naissance, lorsque le bébé se nourrit pour les premières fois, l'influencent et impactent les modes et les habitudes alimentaires toute une vie. Ces expériences de nourrisson tissent un lien étroit entre nourriture et amour, entre le donner et le recevoir. Soyez bienveillant envers vous, quelle que soit la nature de ce lien.

Mode de cuisson

Après avoir expérimenté la cuisson au gaz, puis grâce aux plaques électriques, vitrocéramiques ou à induction, j'ai constaté des différences notables sur plusieurs plans. La cuisson par induction génère des ondes électromagnétiques d'intensité variable qui ont une incidence sur les cellules de notre corps et sur notre santé. En utilisant une table de cuisson à induction, j'ai remarqué que le taux vibratoire de mes aliments était plus faible, l'apport énergétique de mes plats appauvri. Sur la durée, ce type d'appareil et son fonctionnement ont un impact net sur mon état nerveux. Si vous utilisez les plaques à induction, je vous invite à prendre le temps d'observer ce que vous ressentez quand vous cuisinez et quand vous mangez. Peut-être que cela n'a aucun impact pour vous, ou qu'au contraire, cela vous permettra d'identifier une cause de mal-être, et d'y remédier.

Nettoyage express

Lorsque vous revenez du supermarché ou du lieu où vous faites vos courses, prenez un temps pour nettoyer et purifier tout ce que vous avez acheté. Regroupez vos achats et prenez trois grandes inspirations et expirations. Voici la prière qui peut vous servir d'exemple : « Tous les produits que j'ai achetés sont nettoyés et purifiés, ici et maintenant, pour mon bien-être le plus élevé. Toutes leurs vibrations sont transmutées en énergie d'amour et de lumière afin de restaurer leur plein potentiel. Gratitude infinie. » Vous pouvez utiliser cet outil pour nettoyer les vêtements que vous avez acquis et tout ce que vous ramenez de l'extérieur dans votre foyer. Avec l'habitude, une simple intention suffira à faire ce nettoyage à votre retour chez vous.

Une place pour chacun

De la cuisine à la table, il y a de la place pour tout le monde. Que ce soit pour cuisiner, aider, mettre la table, servir, débarrasser et laver la vaisselle, chacun, petit ou grand, peut trouver une tâche qui lui corresponde afin que toutes ne reposent pas sur une seule personne. Lorsque vous mettez la table, visualisez-la comme rayonnante, diffusant une douce lumière, chaleureuse et réconfortante, disposez le couvert avec les mêmes vibrations plutôt qu'à la hâte, vous constaterez une nette différence. L'harmonie et la magie se cultivent aussi autour de la table. Invitez vos proches à partager un repas, accueillez les amis de vos enfants, amenez un plat à une personne qui ne peut se déplacer jusqu'à chez vous, toutes ces attentions font grandir l'amour et répandent de puissantes énergies bénéfiques. Vous pouvez également donner régulièrement à manger aux esprits du lieu en leur réservant une petite part de votre repas, que vous disposez sur votre autel ou dans un espace qui vous semble approprié.

La magie de la pleine conscience

Manger est une activité à part entière qui requiert toute notre présence. Avez-vous remarqué que si vous avez une discussion tendue à table, vous engloutissez votre nourriture plus que vous ne la savourez ? Et en prime, vous aurez probablement faim en sortant du repas...

Manger en pleine conscience évite de « manger nos émotions ».

En étant pleinement présents à chaque chose que nous faisons, nous lui donnons l'espace qu'elle mérite pour être accomplie de la manière la plus bénéfique pour nous. Pratiquer la pleine conscience revient à porter intentionnellement l'attention sur l'expérience du moment présent, sans jugement. Elle entraîne notre capacité de discernement et d'attention vers ce qui est présent dans l'instant, quel que soit le sujet : pensées, émotions, sensations physiques, environnement, relations... Elle s'accompagne de bienveillance. Vous pouvez faire l'exercice de la pleine conscience au moment du repas. Observer le plat servi, ses couleurs, sentez son odeur, touchez-le si vous en avez envie, portez votre attention sur vos sensations avant même la première bouchée. Une fois l'aliment en bouche, sentez les textures, le goût, notez tout ce que vous percevez. Au départ, il est possible que vous ne perceviez rien d'autre que les traits principaux caractéristiques du plat, mais avec l'entraînement, vos ressentis et perceptions vont s'affiner jusqu'à éprouver intensément toute chose, du goût à l'odeur, en passant par la richesse des textures et la combinaison des saveurs. Thích Nhất Hạnh disait pour résumer ceci : « Quelle que soit la tâche que vous effectuez, faites-la lentement, avec l'attention qu'elle mérite. Ne la bâclez pas pour en finir. Soyez relaxé en toute chose et portez-y toute votre attention. »

Cet exercice peut se transposer dans votre quotidien, et c'est là qu'il prend toute sa dimension, car vivre en pleine conscience présente de nombreux bienfaits : réduction de l'anxiété et du stress, amélioration de la concentration, développement de la créativité.

En étant présent et conscient, vous vivez plus pleinement et calmement, en ayant l'esprit clair et vos ressources internes se développent. Progressivement, la relation à nous-mêmes, aux autres et au monde peut évoluer grâce à elle, car elle permet une compréhension plus large et plus profonde des choses.

Un réflexe élémentaire peut faire la différence dans votre qualité de présence à table : écartez les écrans de la cuisine ou salle à manger, vous aurez tout le loisir de regarder le téléphone plus tard, prenez un moment de pause régénérateur. Les temps de repas sont parfois utilisés pour échanger sur ce que chacun a vécu dans sa journée, pour discuter, mais il est aussi possible de manger en silence pour apprécier les bienfaits du plat, à votre rythme, en conscience. Choisissez ce qui vous parle et adaptez vos habitudes à la vie qui vous correspond.

En France, nous avons l'habitude de commencer le repas en souhaitant un bon appétit. En Norvège, il s'agit de remercier à la fin de ce temps de partage par la formule *Takk for maten*, qui signifie « merci pour la nourriture », et s'adresse aussi bien à la personne qui a fait les courses, qu'à celle qui a préparé, mais également à celle qui fera la vaisselle, comme un merci global avec tout ce que ce temps comporte. Cette formule est aussi une marque de politesse de la part des invités lorsqu'ils quittent la table de leur hôte.

Breuvages et recettes magiques

En choisissant vos ingrédients avec le cœur, en suivant votre intuition et en laissant s'exprimer votre créativité, vous avez toutes les clefs pour donner naissance à des recettes magiques. Que ce soit une salade de plantain, de pâquerettes et de pissenlits ou une tisane de thym, romarin, citron, gingembre et miel, vous trouverez l'inspiration en observant les saisons et les trésors que la nature offre à chacune de ces périodes. Veillez à toujours bien identifier une plante, avec certitude, avant de la récolter. Les herbes aromatiques et autres plantes, en plus d'ajouter de la saveur à vos plats, sublimeront votre cuisine par leur magie, elles sont pleines de surprises, gustativement et énergétiquement parlant. Elles trouveront également leur place dans vos rituels pour soutenir vos intentions grâce à leurs nombreuses propriétés.

À vous de sentir quelle plante vous appelle. Plutôt que de vous livrer la liste des plantes et de leurs vertus, je préfère vous inviter à vous connecter à celle qui vous attire. Avec le cœur, toujours dans un temps calme, mettez-vous en lien avec elle. Visualisez-la dans votre tête, ou prononcez son nom, demandez-lui ce qu'elle pourrait vous apporter et de vous livrer ses secrets. Cet exercice personnel vous permettra de vraiment sentir ce que la plante fait résonner en vous et de découvrir en quelque sorte sa médecine.

Laissez-vous guider par les besoins de votre corps, de votre esprit, inventez, créez, en étant à l'écoute de votre être tout entier. Voici quatre recettes pour vous accompagner au rythme des saisons.

Le breuvage des fées

Au printemps, cueillez les ombelles de sureau pour préparer un breuvage fermenté appelé « champagne des fées ». Rafraîchissante, légère et parfumée, cette limonade fera le bonheur des petits et grands au goûter.

Les ingrédients

- 1 gros bocal et une bouteille en verre (contenance 1,5 litre)
- 1 litre d'eau
- 100 g de sucre
- ½ jus de citron
- 1 cuillère à café de vinaigre blanc
- 10 g de fleurs de sureau (sans les tiges)

Les instructions

Mélangez tous ces ingrédients dans le bocal avec une cuillère en bois, couvrez-le avec un grand torchon. Laissez macérer votre préparation trois à cinq jours, en mélangeant régulièrement. Lorsqu'elle est légèrement pétillante, elle est prête. Vous n'avez plus qu'à la filtrer et à la mettre en bouteille. Si vous souhaitez la boire plus gazéifiée, exposez-la quelques jours à la lumière, mais à basse température. Ensuite, gardez votre boisson au frais et consommez-la dans les quinze jours suivants, en prenant soin de dégazer quotidiennement.

Recette du Pain de lumière

Ce pain se fabrique traditionnellement pour la fête de Lughnasadh, au mois d'août dans la tradition celtique, et symbolise le soleil, la récolte des premiers grains de blé, l'abondance et la nourriture quotidienne qu'il apporte à l'homme. Vous pouvez en réaliser un pour offrir à votre foyer, aux esprits du lieu, et un pour manger et partager avec vos proches.

Les ingrédients

- 500 g de farine complète
- 25 cl de lait (vous pouvez aussi remplacer par de l'eau, ou faire un mix)
- 1 cuillère à café de graines de sésame grillées
- 1 cuillère à café de graines de tournesol
- 1 cuillère à café de graines de lin
- 1 cuillère à café de graines de pavot
- 1 cuillère à café de graines de courges
- 1 cuillère à soupe de miel
- 1 cuillère et demie à café de sel
- 1 cuillère et demie à café de sucre
- 1 sachet de levure de boulanger

Les instructions

Mélangez tous les ingrédients secs dans un grand saladier. Faites tiédir le lait avant d'y ajouter le miel, délayez. Versez le lait sucré dans le saladier, pétrissez pendant vingt à trente minutes, en ajoutant de la farine si besoin ou un peu de lait chaud, pour obtenir une pâte lisse et élastique.

Laissez-la reposer une heure à température ambiante. Avec votre poing, chassez l'air de votre pâte en appuyant au centre de la boule.
Façonnez vos pains, puis laissez-les à nouveau gonfler pendant trente minutes, posez sur votre support de cuisson.

Préchauffez votre four à 240 °C avant d'enfourner. Surveillez la cuisson régulièrement, vos pains doivent cuire en dorant et sonner creux quand ils sont prêts. N'ouvrez pas le four pendant la cuisson, vous risqueriez de faire redescendre le pain très rapidement. Pensez à rompre votre pain à la main plutôt que de le couper, et remerciez-le d'être toujours présent en abondance dans votre foyer.

Recette du lait d'or

Cette boisson savoureuse aux multiples vertus accompagnera votre entrée dans l'automne. Cette recette bien connue dans la médecine ayurvédique met à l'honneur le curcuma. Cette épice sous forme de racine, de la même famille que le gingembre, est très utilisée en Inde. Le curcuma stimule la digestion, puissant antioxydant et anti-inflammatoire, il renforce également le système immunitaire, protège le système cardio-vasculaire, apaise le système nerveux, guérit les maladies de peau, aide à prévenir les maladies chroniques et d'Alzheimer. Associé aux autres ingrédients de cette boisson, il permet d'agir sur le stress, la peur et la crainte, l'agitation et l'instabilité. Consommez-la de préférence le matin au réveil et le soir au coucher, pendant plusieurs semaines.

Les ingrédients

- 750 ml de lait (vache, chèvre, boisson végétale d'amande ou de riz)
- 1 cuillère à soupe de ghee ou un corps gras si vous n'en avez pas, comme de l'huile de coco. Si vous choisissez cette option, ajoutez le miel à la fin dans votre tasse chaude. Le ghee et le miel sont nécessaires pour emmener les bienfaits des épices jusqu'aux tissus internes de notre organisme
- 1 cuillère à café de curcuma
- 1 cuillère à café de cannelle
- 1 cuillère à café de cardamome
- 1 cm de gingembre frais râpé
- 1 pincée de poivre noir

Les instructions

Dans une casserole, faites fondre le ghee et ajoutez les épices, mélangez rapidement. Additionnez le lait en fouettant jusqu'à ce que ce soit bien chaud. Laissez un peu refroidir avant de boire pour ne pas vous brûler. Vous pouvez ajouter une petite cuillère de miel si vous le souhaitez.

L'oxymel, activateur d'immunité

Préparation d'herboristerie déjà employée dans la Grèce antique, l'oxymel est un mélange de vinaigre, de miel et de plantes aromatiques et médicinales qui fortifie le système immunitaire, aux propriétés antivirales, antibactériennes et antifongiques. Idéal pour traverser l'hiver en bonne santé, il se prépare en amont afin d'être prêt dès que le froid pointe le bout de son nez. Selon vos besoins, vous choisirez des plantes adaptées. Si vous avez souvent des sinusites, les aiguilles de résineux, comme le pin ou l'épicéa, se marieront avec des herbes, comme le thym et le romarin. Si votre digestion a besoin d'être facilitée, la verveine citronnée, le fenouil et la menthe seront appropriés. Quelle que soit la recette choisie, le principe reste le même : une bouteille remplie de vos plantes fraîches, complétée ensuite aux deux tiers de vinaigre de cidre et un tiers de miel. Consommez votre oxymel en le mélangeant dans une tasse d'eau chaude en préventif pour renforcer les défenses immunitaires, ou dans une cuillère à café, pur, si vous sentez des maladies hivernales (rhinite, rhume, grippe...) rôder dans les parages.

Les ingrédients

- Vinaigre de cidre
- Miel
- Thym
- Menthe
- Mélisse
- Sauge
- Basilic
- Romarin

Les instructions

Disposez les plantes dans une bouteille ou un grand bocal, sans tasser. Recouvrez aux deux tiers de vinaigre et un tiers de miel, gardez un peu de place en haut pour pouvoir mélanger votre préparation de temps en temps. Laissez macérer de trois semaines à un mois avant de filtrer et de mettre en bouteille. Cet oxymel peut aussi être un cadeau original à offrir à vos proches pour les fêtes de fin d'année !

Grimoire magique

Placez vos recettes magiques dans un joli classeur, en les glissant dans des pochettes plastiques où elles résisteront facilement aux taches de farine et à l'épreuve du temps. Vous pouvez aussi y ranger des recettes qui vous inspirent, celles que votre grand-mère vous a transmises. Ajoutez petit à petit des notes sur les ingrédients utilisés, comme leurs propriétés magiques ou l'usage que vous pourriez en faire dans vos rituels. Compilez tout au même endroit, cela sera plus pratique au quotidien.

Bénir le repas

Prière chrétienne prononcée avant le repas, le bénédicité est une bénédiction puissante que vous pouvez reformuler avec vos mots. Elle contient l'expression de la gratitude pour le repas et ceux qui ont œuvré pour le réaliser et élève les vibrations de la nourriture.

« Bénissez-nous, Seigneur, bénissez ce repas, ceux qui l'ont préparé et procurez du pain à ceux qui n'en ont pas. Ainsi soit-il. »

4 Célébrer

LA VIE AU FOYER

« Voir et regarder le monde exige de l'attention et d'avoir une réelle capacité à s'émerveiller.

Il faut prendre le temps de regarder et d'analyser ce que nous voyons, puis de laisser monter en nous l'admiration. »

Henry David Thoreau

Que chaque jour soit l'occasion de célébrer les petits bonheurs comme les grands, seul ou entouré de vos proches. Ne laissez jamais passer une opportunité de vous réjouir d'un événement positif ou qui vous procure de la joie, honorez-le, amplifiez-le. L'élan de vie se répand dans votre foyer et tous les instants sont autant de recommencements, propices à créer un quotidien enchanté qui vous correspond.

Accueillir l'abondance

Que représente l'abondance pour vous ? Quelle forme de richesse compte pour vous ? Avez-vous identifié des croyances limitantes qui vous empêchent d'être pleinement dans l'abondance ? Que mettez-vous chaque jour en œuvre pour l'attirer à vous ? Vous trouverez ici des outils et des clefs pour accueillir cette abondance et la faire fructifier dans votre foyer et dans votre vie.

La magie de la gratitude

Au quotidien, le soir après le repas ou avant d'aller vous coucher ou de vous endormir, seul ou avec les autres habitants, prenez un temps pour ressentir de la gratitude. Cet état magique amène à s'ouvrir à soi, aux autres et à la vie. Savourer les bonnes choses, les joies et bonheurs, petits ou grands, les identifier, remercier pour les bienfaits, reconnaître que ce que l'on reçoit permet d'être heureux et optimiste au quotidien. Cette forme de reconnaissance de ce qui arrive et de ce qui existe entretient une vision positive qui génère des vibrations plus élevées, vous portant vers des situations favorables à votre bien-être. « Merci » est un mot magique à utiliser en conscience sans modération ! En émanant la gratitude, vous attirerez à vous l'abondance, vos proches bénéficieront de votre éclat et rayonneront à leur tour.

Dépasser les croyances limitantes

Si au plus profond de vous, vous souhaitez attirer une relation, une situation particulière, mais qu'une petite voix intérieure vous murmure que vous n'êtes pas à la hauteur ou que vous ne le méritez pas, alors toute intention sera vaine. Vous devez d'abord identifier vos croyances limitantes, les observer sans jugement pour comprendre leur sens profond, les faire évoluer en évoluant vous-même et ainsi vous en délivrer en douceur. Poser un simple regard sur une résistance ou mettre en lumière un blocage peut suffire à le libérer. Je vous invite à toujours appréhender avec bienveillance ce que vous traversez, toutes vos émotions sont légitimes et se manifestent pour vous faire avancer sur votre chemin. En intégrant ceci, vous faites de la place à toutes les belles choses auxquelles vous aspirez et vous vous permettez d'agir en ce sens.

Dites oui à la vie !

Demandez et vous recevrez !

La vie est abondance, tout ce qui retient son flux peut être nettoyé, transformé et transmuté. Elle nous soutient de mille manières à chaque instant, de façon plus ou moins visible. Accueillez tout ce qu'il y a de positif autour de vous, acceptez les activités inhabituelles, les invitations, les occasions qui peuvent élargir votre zone de confort et vous font découvrir de nouveaux horizons, les apprentissages qui enrichissent votre quotidien et les épreuves qui le jalonnent parfois, accueillez vos émotions, les événements qui vous confrontent et qui sont désagréables à vivre sur le moment. En ayant cette ligne directrice, vous serez ouvert à saisir les chances et les opportunités qui se présenteront à votre porte.

Dagda et la magie celte

Dagda est l'un des dieux les plus importants de la mythologie celtique. Souvent associé à la guerre, aux contrats et à la fertilité de la terre, il correspondrait à Jupiter chez les Romains et à Zeus chez les Grecs. Dieu des dieux, appelé « dieu bon », à la fois druide et guerrier puissant, Dagda règne sur la vie et la mort, et possède comme attribut principal un chaudron d'abondance et de résurrection. Inépuisable, ce chaudron peut nourrir des centaines de convives. Il symbolise la souveraineté, l'abondance et l'hospitalité des Celtes, chez qui il est raconté qu'il y avait toujours une assiette prévue pour un invité. Lors de vos rituels d'abondance, entrez en contact avec ce dieu et réalisez des offrandes pour l'honorer.

L'argent, une énergie comme une autre

Avez-vous des idées négatives sur l'argent ? Avez-vous été confronté enfant aux problèmes financiers dans votre famille ? Est-ce un sujet tabou pour vous ? Quel rapport entretenez-vous avec l'argent ? Pour attirer l'abondance, veillez à ce que votre lien à celui-ci soit pacifié. Souvent, nous pouvons hésiter à dépenser, avoir des facilités à dépenser pour les autres plus que pour soi ou encore à avoir du mal à recevoir. L'argent est une énergie comme une autre, elle circule : parfois elle entre, parfois elle sort. Accepter ces deux aspects lui permet d'avoir une circulation plus fluide dans votre vie.

Le rôle des offrandes

Une offrande peut prendre différentes formes. Je me rappelle une formation en géobiologie qui se tenait en Bretagne. Nous avions offert une part du repas de midi et un verre de cidre aux esprits du lieu, pour les remercier de leur accueil. Bien sûr, la nourriture ne s'est pas volatilisée, en revanche, comme les esprits se nourrissent du prana, de l'énergie, le taux vibratoire de l'offrande à la fin de la journée était de zéro.

Ce don, ce cadeau, que vous faites à un esprit, une divinité, une présence, représente quelque chose qui a de la valeur pour vous. Il s'agit de contribuer à un équilibre en donnant et en recevant. Les raisons peuvent être multiples : offrir pour honorer un élément, une divinité, la nature ou les ancêtres, remercier, célébrer une date, faire preuve de notre implication dans un rituel, de notre engagement et entretenir un lien. L'offrande est une forme de reconnaissance de la puissance de ce qu'on honore, de témoignage de respect et de gratitude. Quel type d'offrande faites-vous ? À quelle occasion et pour quelle raison ? À quel moment et de quelle manière ? Songer à ces questions peut amener plus de sens à cet acte. Une prière, un bouquet de fleurs, une tisane maison versée sur le sol, des cristaux suspendus à une branche, un chant ou un poème, une danse, offrez ce qui vous fait plaisir et a du sens pour vous, en fonction de la saison, de l'environnement, de votre créativité, il n'y a pas de cadre préétabli ni de limites.

Méditation du chaudron

Plongez-vous dans un état méditatif. Visualisez-vous dans un endroit qui vous plaît, imaginaire ou réel. Vous êtes assis par terre, confortablement installé sur le sol, bien ancré. Vous sentez tous les points de contact de votre corps sur ce sol stable et soutenant. Respirez profondément, laissez la terre absorber tout ce dont vous n'avez pas besoin, vos soucis et tracas, et vous restituer en échange une énergie nourrissante et régénérante. Devant vous se tient un chaudron que vous allez remplir, c'est votre chaudron d'abondance. Observez-le, détaillez-le. Quelle est sa taille, sa couleur, sa forme, sa matière, sa texture ? Percevez la chaleur que cette vision vous procure dans le ventre. Si vous le souhaitez, touchez cet objet qui est le vôtre, saisissez-le, sentez-le sous vos mains. Vous allez maintenant le remplir de tout ce qui compte pour vous, des richesses qui vous tiennent à cœur, déjà présentes dans votre vie et à venir. Par la pensée, laissez-les apparaître devant vous, de manière figurée ou symbolique, et déposez-les dans le chaudron en conscience et avec reconnaissance. Ce chaudron conserve et garde précieusement vos richesses et les fait fructifier. Remerciez ce réceptacle sacré de permettre à vos ressources de se développer et de s'expanser. Prenez le temps nécessaire pour le remplir à votre convenance. Il sera toujours là, dans votre temple, à votre disposition si vous souhaitez ajouter des éléments. Petit à petit, ramenez une respiration active dans votre corps, et à votre rythme, vous pourrez ouvrir les yeux. Il est possible de réaliser cette méditation à chaque fois que vous en avez envie pour alimenter votre chaudron et attirer l'abondance dans votre vie.

Éveil et développement de soi

S'éveiller est une chose merveilleuse, prendre soin de soi et de son développement personnel en est une autre, qui prend une dimension plus vaste encore et élargit le champ des possibles. Parfois, nous ne sommes que de simples observateurs de notre éveil et de la naissance de nouveaux états d'être, des témoins de prises de conscience qui se manifestent à nous, révélées à la lumière du jour par la puissance de la vie, de nos choix, l'enchaînement des événements. Nous pouvons rester dans une forme de constat que les choses changent, que le monde se transforme, que nous nous éveillons, comme si nous en prenions note avec satisfaction, et c'est une très bonne nouvelle. Nous pouvons aussi décider de prendre part volontairement et intentionnellement à ce processus d'éveil, d'être acteurs et responsables de ce développement en travaillant sur nous, en allant explorer nos profondeurs pour faire jaillir ce qu'il y a de meilleur en nous, en travaillant sur nous pour porter nos ombres à la lumière, pour évoluer et grandir encore en progressant sur notre chemin.

Les outils que nous adoptons pour avancer, que ce soit la lecture de livres sur un thème particulier, l'autohypnose, les rendez-vous pris avec un praticien, la pratique d'un sport, chacun d'eux a du sens quand nous le choisissons. Nous pouvons en changer, nous tourner vers un autre, y revenir, rien n'est figé : l'essentiel est de trouver ce qui nous aide à avancer, d'identifier nos piliers, nos ressources et de travailler à les entretenir et à les renforcer. J'aimerais vous présenter ici deux outils qui m'ont beaucoup rendu service ces dernières années et dont l'efficacité n'est plus à prouver.

Tableau de visualisation

Êtes-vous prêt à vivre vos plus beaux rêves ? Savez-vous comment les concrétiser et cheminer vers leur réalisation ? Outil incontournable du développement de soi, le tableau de visualisation est un support magique qui permet à vos plus grands projets de prendre forme. Il illustre virtuellement le futur auquel vous aspirez en faisant appel à l'imagerie mentale et à la loi d'attraction. Une fois que vous l'aurez conçu, le regarder dix minutes le matin et dix minutes avant de dormir, à chaque fois que vous en avez l'occasion, crée de nouveaux chemins neuronaux dans votre cerveau et vous prépare chaque jour un peu plus à avancer dans le sens de vos objectifs, de vos envies, il permet une matérialisation progressive de votre futur tel que vous le souhaitez. De la même manière qu'une visualisation doit être complète pour être efficace, vous devez le contempler en sentant dans votre corps vos objectifs atteints, tout est déjà réel et réalisé, car neurologiquement le cerveau ne fait pas la différence entre le réel et l'imaginaire. J'aime le penser sur une année afin de mettre un cadre à la réalisation de mes objectifs et je me demande : qu'aimerais-je voir émerger et se concrétiser dans ma vie en un an/d'ici la fin de l'année (souvent, je le réalise en janvier) ? Une échéance assez proche dans le temps est idéale, ainsi vous pourrez observer les résultats de vos actions rapidement.

Avant de vous lancer dans la création du tableau, réfléchissez à votre vision du futur, à vos ambitions, vos vœux, vos priorités, à ce que vous souhaitez développer, à ce qui compte le plus dans votre vie, ce à quoi vous aspirez depuis toujours, aux rêves qui sommeillent en vous, car vous les trouviez peut-être inaccessibles ou trop grands.

Avez-vous songé à tous les domaines qui vous tiennent à cœur ? Famille, amis, amour, réussite, santé, accomplissement personnel, profession, passions, alimentation, voyage... Vos objectifs doivent être le plus clairs possible sans l'être trop : laissez aussi la chance à l'univers de faire encore mieux, ne vous limitez pas. Concentrez-vous sur ce que vous voulez, de manière positive.

Procurez-vous des magazines et documents imprimés qui vous inspireront et dans lesquels vous pourrez découper. Installez-vous confortablement dans votre espace et feuilletez-les, laissez votre inspiration et votre intuition se mettre à l'œuvre. Progressivement, vous collectez les mots, photos, images inspirantes qui entrent en résonance avec vos rêves et les représentent. Collez ensuite tous vos éléments sur une planche cartonnée, un tableau en liège ou feuille A3, en les agençant de la manière qui vous plaît. Quand vous réalisez cette opération, sentez dans votre corps chaque objectif comme déjà accompli. Quelles émotions vous traversent ? Comment vous sentez-vous ? Si vous rêvez d'être un jour publié, et que vous collez l'image d'un livre avec les mots « Nouveau succès en librairie ! Le coup de cœur des libraires ! », visualisez l'appel de votre éditeur qui vous annonce la nouvelle, sentez la joie dans votre cœur, tenez votre livre dans les mains, sentez son épaisseur, l'odeur du papier, voyez vos mots écrits sur ces pages, votre nom sur la couverture, ressentez l'émotion de participer à votre premier salon et aux séances de dédicaces, observez les gens qui patientent dans la file d'attente, que toutes ces sensations soient présentes en vous physiquement lorsque vous collez cet objectif sur votre tableau. Pour chacun, faites de même. Cela prend généralement plusieurs heures et je vous garantis que le résultat peut être vraiment surprenant ! Ce tableau est également un bon rappel qui permet de garder à l'esprit ce vers quoi vous tendez chaque jour et de vous encourager à passer à l'action. Il est le premier pas dans la réalisation de vos rêves.

Les bonshommes-allumettes

Rendu célèbre par Jacques Martel, conférencier et psychothérapeute québécois, l'exercice des bonshommes-allumettes est un outil incontournable d'une efficacité redoutable. En jouant sur votre inconscient, votre émotionnel et les champs énergétiques, cette technique simple à réaliser permet de se libérer d'émotions désagréables en coupant (je préfère le mot dissoudre), nettoyant et purifiant les liens d'attachement entre vous et une personne, quelle que soit la nature de votre relation (amicale, amoureuse, familiale, professionnelle ou sociale), ou avec une situation, un projet, un lieu, des parts de vous, une émotion, une addiction... Qu'il s'agisse d'un ex, d'un patron, d'un membre de la famille avec qui vous avez eu un différend, un ami dont les ennuis vous causent du souci, un lieu dans lequel vous rencontrez de multiples difficultés, un projet qui n'avance pas malgré les efforts déployés, cette méthode permet de prendre du recul et de retrouver harmonie et sérénité. Jacques Martel parle bien de couper les liens d'attachement et non d'amour, ce qui est bien différent. L'attachement est comme un lien toxique qui entrave l'équilibre et implique une contrainte, une volonté de contrôle sur l'autre (quel que soit le degré), il génère des émotions désagréables. L'amour, en revanche, est désintéressé, détaché, inconditionnel et ne crée pas de souffrance consciente ou inconsciente. Dissoudre les liens ne dissout pas l'amour, cela dissout le potentiel excessif que l'ego fait peser sur la relation, la situation. Cet exercice est libérateur et il crée un espace de justesse dans nos interactions. Vous pouvez également le réaliser si vous souhaitez améliorer un point particulier de votre vie.

Vous n'aurez besoin que d'une feuille, d'un crayon et d'une paire de ciseaux.

1. Sur la partie gauche de la feuille, dessinez schématiquement un bonhomme : le tronc, la tête, les bras et les jambes, deux yeux, une bouche, un nez. Inscrivez vos prénom et nom en dessous.
2. Dessinez la deuxième personne de la même manière et écrivez ses prénom et nom en dessous. Si vous faites l'exercice avec une situation, une addiction, vous pouvez dessiner un rectangle vertical à la place, cela fonctionne ensuite de la même manière.

3 Tracez un cercle de lumière avec des rayons autour de votre bonhomme : il symbolise que vous souhaitez ce qu'il y a de mieux pour vous, que l'univers souhaite ce qu'il y a de mieux pour vous.

4 Tracez un cercle de lumière avec des rayons autour du deuxième bonhomme : il symbolise que vous souhaitez ce qu'il y a de mieux pour la personne (situation), que l'univers souhaite ce qu'il y a de mieux pour elle.

5 Tracez un cercle de lumière avec des rayons autour des deux bonshommes : il symbolise que vous souhaitez ce qu'il y a de mieux pour vous deux, tout simplement, sans autre intention. « Le mieux » peut prendre bien des formes : vous éloigner de cette personne, vous en rapprocher, améliorer vos rapports, etc.

6 Tracez ensuite les lignes d'attachement conscientes et inconscientes entre les deux bonshommes, au niveau des sept chakras principaux : pubis, nombril, plexus solaire, cœur, gorge, entre les yeux, sommet de la tête.

7 Vous êtes prêt pour la dernière étape : coupez la feuille au niveau des lignes d'attachement, entre les deux bonshommes, en disant : « Je coupe tous les liens d'attachement conscients et inconscients entre moi et X. » Une fois les deux morceaux séparés, dites à haute voix ou dans votre tête : « Merci, c'est fait » ou « Qu'il en soit ainsi. » Jetez, broyez ou brûlez les morceaux.

Généralement, vous sentez instantanément que quelque chose en vous s'est libéré. J'ai observé que le processus était plutôt rapide, l'attitude de l'autre personne à votre égard peut évoluer dès le jour même ! S'il s'agit de pacifier une situation ou un événement, les choses se remettent en circulation rapidement.

Il est possible de réaliser cet exercice avec une personne décédée. Vous pouvez également l'appliquer à une situation qui s'enlise ou qui vous pèse, vous permettrez ainsi à des solutions de se manifester d'elles-mêmes.

Le charme de la Lune

La Lune joue un rôle puissant sur la nature, les plantes et les êtres humains. Son énergie peut nous soutenir dans ce que nous traversons et nous pouvons demander son aide pour manifester nos rêves.

Lorsqu'elle passe de la phase décroissante à la lune noire, à la nouvelle lune, puis à la phase croissante, il est possible de ressentir cette énergie vitale qui grandit en nous après avoir été nettoyée, comme si nous étions prêts à fournir de nouveaux efforts. Temps de pause propice pour faire le point avant de développer des projets, la nouvelle lune apporte un vent de renouveau, évoluant en synergie avec ses différentes phases. Elle nous invite à imaginer nos futures réalisations. C'est au moment qui précède l'apparition de son fin croissant dans le ciel, et également pendant, que les idées émergent, que nous pouvons méditer et étudier leur faisabilité, les enrichir, les nourrir, préparer et planifier avant de passer à l'action. Il s'agit là de planter des graines et de les voir grandir jusqu'à la pleine lune. Que ce soit la recherche d'un nouveau travail, la prise d'une résolution au sujet de votre foyer, l'émergence de nouvelles intentions ou la mise en place d'habitudes propices à votre développement, tout ceci peut être soutenu par la magie de la Lune.

Vous pouvez invoquer les déesses liées à l'astre lunaire, comme Artémis (Diane pour les Romains), sœur d'Apollon, déesse de la nature sauvage, de la chasse et de la Lune ; Séléné qui incarne la partie visible de la Lune, la pleine lune ; Hécate, sa face cachée, la lune noire et la nouvelle lune, symbole de mort et de renaissance. En fonction de ce que vous traversez et de leurs aptitudes, vous pouvez invoquer l'une ou l'autre et faire appel à leurs pouvoirs respectifs.

Le premier quartier invite à l'action, à affirmer les souhaits et à relever les défis, restez concentré sur vos objectifs ! Les énergies se densifient jusqu'à leur apogée : le moment de la pleine lune. Ces journées sont favorables pour lâcher prise, ce qui devait être fait a été fait, vous avez donné votre maximum pour vos projets, il est l'heure d'accepter la situation, de faire le bilan et de vous reposer. Accordez-vous un temps pour réfléchir au chemin parcouru et aux enseignements reçus. La lune décroissante est quant à elle plus propice à se débarrasser de l'ancien pour mieux avancer vers le nouveau, se préparer à la prochaine lune et au vent de renouveau qu'elle insuffle. Elle initie des changements en vue d'opportunités à venir. Et le cycle recommence !

Voici une prière à la Lune, que j'utilise plutôt sur le début du cycle. À votre tour, vous pouvez en créer une, en fonction de vos besoins et des phases lunaires.

Chère Lune,

Par ta présence et ton influence,

À mes projets apporte la croissance,

Par ta lumière révèle leur puissance,

Fais germer ce qui est de meilleur pour moi,

En accord avec l'Univers et ses lois.

Mémento

Une petite baisse de confiance en soi ? Besoin de remonter votre moral et de retrouver des ressources ? Dites ces phrases à voix haute, et sentez où elles vibrent dans votre corps. Prenez le temps de les faire tinter, en adoptant une posture adéquate (pas avachi dans votre canapé !), pas plus de trois fois et en prenant un temps de pause entre chacune. Sentez s'il devient plus facile de les prononcer au fil du temps.

« J'ai du succès et je le mérite. »

« Je mérite, sans rien avoir à prouver, ni aux autres ni à moi-même. »

« Je suis capable, à ma mesure. »

« Ma valeur. »

Les alliés du quotidien

Les divinités du foyer

Quelles que soient les traditions, les divinités du foyer et les esprits domestiques sont présents pour aider et protéger les habitants. Parfois farceurs, parfois discrets, travaillant en coulisse, ils sont dévoués au bien-être du foyer et peuplent la mythologie des différents continents. Si vous avez besoin de leur soutien, faites appel à eux et exposez-leur votre demande.

- Les **lares**, aussi appelés *genii loci*, ou génies du lieu, étaient dans les croyances des Romains les protecteurs du foyer, de ses habitants et des biens qu'ils possédaient. Le chef de famille déposait des offrandes sur l'autel pour obtenir leur protection. Les **pénates**, quant à eux, se déplaçaient avec la famille qu'ils protégeaient et n'étaient pas attachés à un lieu fixe.
- Par sa force et sa bienveillance, **Ganesh** protège le foyer et apporte la joie. Ce dieu hindou est à invoquer avant d'entreprendre un projet, car il efface tous les obstacles qui se dressent devant vous.
- Originaire du folklore scandinave, le **tomte**, petite créature qui se rapproche du lutin, s'occupe des enfants et de la maison (surtout des fermes). Il veille sur leurs nuits et tient éloignée la mauvaise fortune. Dans les Alpes, c'est le **servan** qui remplit ce rôle, il protège également le bétail. Le **sottai** peuple les légendes ardennaises et vosgiennes. Il est lui aussi typique du monde paysan, il aide à accomplir les tâches ménagères, à la traite et au nourrissage des animaux.

- Au Japon, il n'est pas rare d'entendre parler des **zashiki warashi**, esprits de la maison qu'il est conseillé d'élever comme des enfants si l'on veut leur donner l'envie de venir et de rester dans le foyer. Farceurs, ils attirent la bonne fortune et sont de véritables porte-bonheurs.
- Comme le **brownie** l'est en Écosse, le **domovoï** est l'esprit domestique dans la tradition slave. S'il est honoré comme il convient, il sera adorable, serviable et loyal. En revanche, s'il est de mauvaise humeur, c'est une autre histoire... hostilité et dégâts sont à prévoir ! La prospérité du foyer dépend de lui. Comparable à une fée, **Matergabia** est également un esprit protecteur du foyer dans cette même mythologie.
- **Vesta** pour les Romains, ou **Hestia** pour les Grecs, représente la déesse vierge protectrice du foyer domestique et public par excellence. À Rome, les vestales entretenaient le feu sacré de la déesse dans les temples. Lors des Amphidromies, en Grèce, les pères de famille, accompagnés des proches et des femmes ayant aidé à l'accouchement, faisaient des circumambulations autour des nouveau-nés et de leur foyer, incarné par Hestia. Ce rite intégrateur consistait à accueillir l'enfant, à le reconnaître au sein de la famille et de la cité. Ces fêtes étaient généralement l'occasion de purifier le domicile.
- Chez les Gaulois, les écrits évoquent l'existence de **Belisama**, déesse du foyer et patronne des forgerons, protectrice des sources thermales et guérisseuse qui préside à l'artisanat du métal et du verre, aux activités en charge des femmes (tissage, teinture...). Elle peut se rapprocher de la déesse celte **Brigit**, très célébrée aujourd'hui encore à travers l'Irlande, mère des poètes, des forgerons et des médecins, guérisseuse également. C'est elle qui veille sur le feu domestique et celui de la tribu et à qui on demande la protection pour le foyer le 1er février lors de la célébration d'Imbolc.
- Dans la mythologie nordique, **Frigg** est la déesse des femmes, de la fertilité, de l'amour domestique et de la famille. Elle posséderait de grands pouvoirs prophétiques dont elle ferait rarement usage. Femme d'Odin, Frigg semble en partie tenir l'ordre du monde entre ses mains. Elle est la seule à pouvoir siéger avec lui sur le trône. Faire appel à cette déesse d'une profonde sagesse peut vous apporter de précieux conseils au quotidien.

La magie des esprits

Les animaux-totem

De la préhistoire à nos jours, les animaux sont présents aux côtés de l'homme. Le chamanisme illustre avec force et respect ce lien puissant qui les unit. Qu'ils soient appelés animaux-totems, animaux de pouvoir ou alliés, ils occupent une place majeure dans la culture de nombreux peuples à travers le monde. Quelles que soient nos capacités psychiques, nous avons tous la faculté, plus ou moins développée, de faire appel aux pouvoirs des animaux. Voici un exercice pour vous relier à eux. Choisissez un animal qui vous attire ou qui présente des caractéristiques dont vous auriez besoin. Cela peut être, par exemple, la nécessité d'avoir un meilleur regard sur une situation, dans ce cas le faucon pourrait vous prêter sa vue. Si vous avez des difficultés à ancrer un projet dans la matière, le bison est un des animaux qui pourra vous aider. Quand vous avez éclairci ce point et identifié l'animal avec lequel vous souhaitez vous mettre en lien et la qualité qu'il possède, ancrez-vous et centrez-vous. Puis, avec le cœur, formulez l'intention d'accueillir cette capacité ou cette faculté en vous. Que se passe-t-il progressivement dans votre corps ? Quelles sensations se présentent ? Prenez le temps d'affiner vos ressentis, dans chaque partie de votre corps. Pour cela, posez votre conscience sur vos mains pour sentir si quelque chose de spécial se manifeste, ou sur votre ventre, vérifiez chaque zone pour prendre connaissance de ce qui est là. Si vous êtes en lien avec l'orque, comment décririez-vous votre ouïe ? Si vous avez appelé la qualité de vision du chat ou de la chouette, comment est votre vue (au sens propre et figuré) ? Maintenant que vous avez contacté cette énergie, vous pourrez l'invoquer plus facilement et rapidement dans le futur quand vous le jugerez nécessaire. Veillez à remercier l'esprit de l'animal, l'animal lui-même pour cet échange. Si vous développez une relation particulière avec l'un d'entre eux, prenez soin de lui, rendez-lui visite en pensée régulièrement et entretenez ce lien, il y a peut-être une part de vous qui s'exprime à travers lui.

Le règne végétal

Communiquer avec les arbres, les plantes et leur esprit offre une reconnexion profonde à la nature. Laissez-vous inspirer et toucher par leur sagesse et leurs enseignements. Ils mettront en lumière des parts de votre être, contribueront à les développer, à libérer des schémas répétitifs ou des traumatismes, et vous permettront de travailler sur vos résistances ou vos blocages. Comme pour les animaux, appelez à vous l'esprit d'une plante pour qu'elle vous éclaire ou pour vous familiariser avec sa teinte, son énergie. Faites-le toujours en conscience, avec une intention définie, bien sûr.

Communiquer avec les esprits est une pratique sacrée qui requiert engagement, alignement et centrage.

Alliées de choix pour un travail de guérison, les plantes nous apportent chacune quelque chose de spécifique et nous aident à vivre en harmonie, à comprendre des expériences ou des problèmes que nous traversons. Il m'arrive de dormir avec une plante sous l'oreiller et de demander à recevoir ses enseignements dans mes rêves. Si vous êtes à l'écoute du règne végétal, il peut vous transmettre des messages, vous soutenir. Allez vers les plantes, mettez-vous en état de réceptivité pour établir le contact et reliez-vous à l'essence de la plante que vous avez choisie. Vous pouvez aussi lui demander si elle a besoin de quelque chose, d'une meilleure place si c'est une de vos plantes d'intérieur, d'un chant ou d'un soin si c'est une plante sauvage. Ce règne appelle à la contemplation, à la lenteur et à une compréhension profonde du monde, et de votre être par effet miroir.

Le règne minéral

Dans le béton, les pierres, les briques, sous votre foyer, dans votre jardin et les objets que vous possédez, le règne minéral se manifeste de différentes manières et sous des formes variées. Reconnaissez sa présence dans votre environnement et travaillez avec lui votre assise, votre stabilité. Savoir de quels roches et minerais votre sol est composé donne un éclairage sur ses propriétés. Un terrain argileux, par exemple, est plus conducteur qu'un sol en calcaire grossier. Le premier peut parfois générer un état de fatigue nerveuse et de l'agacement, alors que le second, isolant, procure des sensations de calme et de bien-être. Pour une approche plus fine du règne minéral, vous pouvez vous relier à l'esprit des cristaux par la lithothérapie. Vous découvrirez ainsi les propriétés de chaque pierre, sur le plan physique, émotionnel et énergétique. Il est aussi possible, lors d'une randonnée, de vous connecter à une roche qui vous appelle, à un menhir ou à un dolmen. Vous serez alors en train de pousser la porte d'un nouvel univers, celui qui mêle avec magie le règne minéral aux mystères des hauts lieux vibratoires...

Le cycle des saisons

Calendrier et traditions celtiques

Se mettre à l'écoute de la nature revient à entrer dans une écoute plus profonde de nous-mêmes. Les célébrations qui cadencent les saisons donnent l'opportunité de renouer avec les rythmes de la Terre et d'honorer par la même occasion nos propres mouvements, de les observer et de les identifier, de tourner notre attention sur ce qui circule en nous. Ces passages représentent des ponts permettant la transition entre deux états plus ou moins définis. Ils ouvrent un temps de respiration pour faire le point, pour poser un regard sur le chemin parcouru, renouveler ses vœux ou réajuster la voile si nécessaire. Lors de ces fêtes qui ont traversé les siècles, vous pouvez mettre en place un rituel, seul ou avec vos proches, pour vous unir, échanger, partager et honorer la vie. Elles nous invitent à prendre conscience du sacré à chaque instant et à ancrer cette magie dans nos vies.

Nous nous intéresserons ici aux rites anciens, aux fêtes païennes issues de la tradition celtique. « Roue de l'année » est le nom que prend ce cycle annuel qui regroupe huit célébrations majeures. Les quatre principales (Samhain, Imbolc, Beltaine, Lughnasadh) marquent les transformations visibles dans la nature, les changements de saisons, l'avancée des travaux de la terre. Les quatre autres (Yule, Ostara, Litha et Mabon) sont liées au mouvement des astres, aux solstices et aux équinoxes. Bien sûr, elles ont évolué, et nous ne pouvons dire avec précision comment elles se déroulaient dans les moindres détails ni comment elles se sont modifiées avec l'arrivée du christianisme et au fil des siècles. Quel que soit votre héritage, laissez-vous traverser par ce qui vibre en vous à travers ces dates, témoins d'un temps sacré dont il reste des mémoires bien vivantes.

Leurs dates sont données à titre indicatif, elles varient en fonction des positions des astres. Le site Internet mythicalireland.com vous apportera des précisions précieuses sur ces moments clefs.

Imbolc, 1er-2 février

Imbolc incarne l'espoir et le renouveau, elle ouvre un cycle d'inspiration, porteuse de nouveaux projets, comme une graine qui germe doucement sous le manteau neigeux. Cette fête peut être l'occasion de nettoyer et purifier votre foyer au sortir de l'hiver. La déesse Brigit est célébrée. Déesse de la poésie, de l'inspiration, de la forge et de la guérison, qui préside au foyer, elle est omniprésente dans tous les aspects de la vie des Celtes. Ce jour est idéal pour invoquer la bénédiction de la divinité afin que votre foyer soit protégé et que tout ce que vous souhaitez voir se manifester au cours de l'année soit également béni.

Ostara, 20-23 mars

Ostara correspond à l'équinoxe de printemps. Cette date marque le début de cette saison liée à la renaissance et le point d'équilibre entre le jour et la nuit. C'est la période où les bougies sont remisées, la lumière prend de plus en plus de place et invite à sortir de chez soi pour passer plus de temps à l'extérieur. Honorez le renouveau qui se manifeste dans la nature, préparez les sols, posez des intentions et examinez les résistances. L'heure est venue de laisser s'exprimer votre créativité en puisant dans votre imagination. Cette période est idéale pour faire un grand ménage de printemps.

Beltaine, 1er-5 mai

Beltaine marque le début de la saison estivale, claire et lumineuse, où l'obscurité des mois passés se fait de plus en plus lointaine. Les jours sont plus longs que les nuits, on célèbre le renouveau et la lumière, l'amour et la sexualité, la joie s'infiltre dans le quotidien. Cette période fertile offre un temps d'expansion et de croissance où la spontanéité, les activités créatives et l'élévation occupent une place majeure. Allumez des feux de purification, utilisez les fleurs lors vos rituels, jouez avec les couleurs, répandez la joie tout autour de vous et entretenez ce qui vous fait vous sentir vivant.

Litha, 20-21 juin

Litha correspond au solstice d'été, les journées sont les plus longues, les nuits les plus courtes, c'est le point culminant de la lumière, le soleil atteint l'apogée de sa force. Cette date marque le début de l'été et d'une période propice à célébrer l'amour sous toutes ses formes, l'union et la joie. C'est le moment de se préparer à ce que les nuits s'allongent petit à petit.

Lughnasadh, 1er-3 août

Lughnasadh célèbre la croissance, la saison des moissons, les récoltes, et les richesses (celles que l'on gagne et celles que l'on redistribue). L'abondance, la prospérité, le jeu, les célébrations de mariage sont à l'honneur, la musique bat son plein. Ce passage est celui de la saison d'été qui se termine, laissant progressivement place au début de l'automne. Lug, dieu de la lumière, des savoirs et des arts est honoré. De votre côté, vous pouvez faire le point sur vos récoltes. Quelles sont-elles ? Que souhaitez-vous redistribuer autour de vous ?

Mabon, 21-23 septembre

Mabon correspond à l'équinoxe d'automne : nuits et jours ont une durée identique. Il s'agit là d'une seconde période de récolte (pommes, noix, raisin...). Le temps est venu de remercier la terre pour tous ses cadeaux, de commencer à se préparer avant l'hiver et de retourner progressivement à l'intérieur du foyer. Avec quoi voulez-vous passer l'automne et les mois d'hiver ? Que voulez-vous couver jusqu'au printemps ?

Samhain, 31 octobre

Samhain marque à la fois la fin d'un cycle et le recommencement, le renouveau. Cette fête de transition clôture l'année pour ouvrir la suivante. C'est autour de cette date que le voile entre les mondes terrestre et céleste, le monde des vivants et le monde des esprits, est le plus fin. Vous pourrez rendre hommage à vos ancêtres, faire le bilan des douze derniers mois et symboliquement laisser mourir l'ancien pour renaître à la vie.

Yule, 21-22 décembre

Traditionnellement, cette fête est célébrée sur plusieurs jours, autour du 21 décembre, date de l'entrée dans la saison hivernale. Elle correspond au solstice d'hiver, qui marque la nuit la plus longue de l'année et le jour le plus court. On célèbre également la naissance du Dieu Soleil. Après cette période, les jours commencent à s'étirer, l'obscurité laisse place au retour de la lumière. Les bougies sont à l'honneur, comme des feux allumés pour accueillir l'astre solaire. Yule est un temps propice à l'introspection, au calme, et à l'observation des zones d'ombres pour y apporter la lumière, mais aussi au partage, à la générosité, aux rassemblements, où la danse et le chant illustrent la joie de cette future renaissance.

Honorer la vie et le vivant

Chaque instant est propice à honorer la vie sous toutes ses formes. Je vous invite à faire honneur à ce qu'il y a de plus précieux en vous au quotidien, à reconnaître ce qu'il y a de plus cher à vos yeux autour de vous, chez vos proches et dans votre environnement. Allongez cette liste d'honneurs autant qu'il vous plaira !

« J'honore qui je suis. »

« J'honore mon esprit, mon corps, mon cœur et mon âme. »

« J'honore mon essence, mes multidimensionnalités. »

« J'honore mes expériences et mon vécu. »

« J'honore mes émotions. »

« J'honore mes silences et mon tumulte. »

« J'honore mes pleins et mes vides. »

« J'honore mes ancêtres et mes lignées. »

« J'honore l'élan de vie. »

« J'honore les petites et les grandes joies. »

« J'honore les événements qui me font du bien. »

« J'honore la présence de ceux que j'aime. »

« J'honore la nature. »

« J'honore l'esprit en toute chose. »

« J'honore l'infiniment petit et l'infiniment grand. »

« J'honore la puissance de l'univers. »

« J'honore l'amour. »

5 Principe D'ÉTERNITÉ

« Que la force me soit donnée de supporter ce qui ne peut être changé et le courage de changer ce qui peut l'être, mais aussi la sagesse de distinguer l'un de l'autre. »

Marc Aurèle

Grâce à la magie, vous pouvez transformer la monotonie en émerveillement et transmuter ce qui a besoin de l'être pour avancer en paix sur votre chemin. L'acceptation est une clef pour vivre serein, confiant et ancré en toute circonstance, comme un roseau souple aux racines solides. Autorisez-vous à demeurer un instant en silence pour écouter le murmure de votre âme et ressentir la manière dont votre corps s'inscrit dans cet espace-temps, déposé dans le présent, un fragment d'éternité condensée.

Philosophie de l'instant

Vivre l'instant présent

Entre le passé et le futur, le présent se tient en équilibre. Instant fugace et pourtant si dense et intense, il porte en lui à la fois nos expériences révolues et nos espoirs. Sylvain Tesson écrivait : « Pour éprouver toute l'intensité du moment, il ne faut plus le rapporter à l'expérience du passé ou à l'espoir de l'avenir[3]. » Là est tout l'enjeu pour être présent physiquement et mentalement à soi et à la vie. Les pratiques spirituelles, le sport, le yoga, la méditation et la respiration aident à s'ancrer dans cet instant et renforcent notre présence. En étant bien incarnés ici et maintenant, en sentant notre corps dans les postures, dans l'exercice du souffle, nous nous déployons. Évitez la distraction et lâchez prise.

3. Dans *Éloge de l'énergie vagabonde*, Éditions des Équateurs, 2007.

Prendre le temps de se recentrer pour écouter. Écouter en soi, écouter le dehors, trouver une cohérence d'ensemble pour avancer en harmonie, avec sérénité. Cette clef du bonheur est en nous, déjà dans nos mains, et il ne reste qu'à la mettre en application, pas à pas, et ainsi s'extirper des regrets liés au passé ou des soucis générés par la vision d'avenir. Bien sûr, nous vivons à cette époque et nous nous inscrivons sur la grande ligne du temps, avec les pré-occupations du quotidien, les projections créées légitimement par le mental, et chaque action, pensée, ou posture que nous tenons en conscience dans le présent nous offre un espace plus vaste, comme une éternité contenue dans une seconde. En évoluant le plus possible ainsi, dans cette qualité d'être, la vie est plus douce, plus harmonieuse et nous porte plus qu'elle ne nous secoue. La joie, la plénitude et la béatitude sont à votre portée. Grâce à ce calme intérieur, vous aurez l'impression agréable d'avoir le temps de faire tout ce que vous souhaitez dans une journée, d'avoir de meilleures idées, du temps pour mettre en place ce qui compte pour vous et qui s'inscrit dans l'avenir : un futur présent.

S'aligner sur les cycles de l'univers

Si nous vivons nos expériences en suivant nos propres cycles, en navigant selon nos courants, nous nous inscrivons également dans un tableau plus vaste, qui possède lui-même ses mouvements spécifiques. Nos microcosmes font écho au macrocosme, à l'univers et au cosmos : notre petit monde contient les qualités infinies du grand, et réciproquement. À notre échelle humaine, nous pouvons choisir d'emprunter le chemin qui donne du sens à la vie et ouvre le regard. Que celui-ci se fasse divergent pour une compréhension plus profonde de ce qui est. En ayant conscience de notre place au cœur de ce grand tout, nous pouvons apprendre à nous connaître à travers les autres et leur permettre d'en faire autant, partager ce qui vibre pour chacun et parfois à l'unisson, nous pouvons accepter de nous laisser porter par le cycle de la nature qui soutient et rythme nos évolutions au gré des saisons.

La Terre nous rappelle que nous vivons selon son tempo, en alternant les jours et les nuits, en faisant coïncider nos calendriers à sa révolution (son mouvement autour du Soleil qui s'opère en un an), et qu'elle gravite autour de l'astre solaire comme tant d'autres. Et cette galaxie n'est qu'une parmi des milliards. Nous replacer dans ce contexte avec humilité amène ce constat : nous ne maîtrisons pas tous les mouvements de l'univers et quand nous passerons de l'autre côté, si l'on considère la vie et la mort comme les deux faces d'une même pièce que nous expérimentons tour à tour, il continuera d'exister et nous survivra. Se relier chaque jour à plus grand que soi permet de puiser dans ce réservoir inépuisable d'énergie de la force, du courage et de l'inspiration. En regardant au travers du prisme de l'infiniment grand, les qualités intrinsèques de notre âme se révèlent, infinies elles aussi.

Un mouvement permanent

Laisser partir ce qui ne m'appartient plus...

Apprendre à laisser derrière soi des expériences, des relations, des émotions ou des souvenirs n'est pas chose aisée, et pourtant ce processus nécessaire permet d'évoluer. Abandonner ce qui entrave et ne nourrit plus, écouter le cœur dans un temps de silence pour faire le point demande du courage et de l'intégrité, du respect pour soi. Vivez ce qui est bon pour vous, osez fermer une porte, tourner le dos à ce qui crée de la souffrance ou de l'inconfort, et même si l'inconnu surgit au détour de vos choix, soyez assuré que la vie vous conduit vers le meilleur. L'inconnu peut faire peur, mais il est bien plus bénéfique d'expérimenter cet état passager plutôt que de cheminer dans une existence qui n'est pas la vôtre ou qui ne vous remplit pas de joie. Accueillez votre grandeur, vos ambitions, honorez vos angoisses, vos doutes et vos élans, malgré leur nature différente, ils sont là pour vous faire avancer un pas après l'autre. Votre cœur sait, votre âme sait, permettez-leur, autorisez-les à s'exprimer sans retenue, sans filtre. Avec toute la délicatesse du monde, faites les pas qui vous éloignent de ce qui ne vous correspond pas ou plus, car même si ces situations peuvent vous apprendre beaucoup et accroître votre résilience, elles ne sont pas pérennes.

… pour accueillir ce qu'il y a de mieux pour moi

Mourir à chaque instant au passé pour renaître à soi-même est un cadeau que nous pouvons expérimenter au quotidien. Si nous le vivons en conscience, il se transforme en opportunité de faire des choix adaptés à notre être chaque nouveau jour. Le matin, en vous réveillant, demandez-vous quelle action, même minuscule, vous allez réaliser pour vous rapprocher de vos rêves. Quelle habitude allez-vous abandonner ? Quelle nouvelle posture adopterez-vous ? Quel chapitre fermerez-vous ? Accueillir ce qu'il y a de mieux pour soi nécessite aussi de se préparer à franchir de nouvelles étapes. En affrontant l'obscurité qui nous effraie parfois, siège de nos parties sombres, de nos sentiments enfouis ou retenus, nous amenons la lumière dans les recoins, éveillant au passage des ressources insoupçonnées. S'abandonner à la vie, en intégrant toutes nos parts, nous rend chaque jour plus libre, unifié et entier. C'est ainsi que la magie opère.

Accueillir la transition

« Tout est changement, non pour ne plus être, mais pour devenir ce qui n'est pas encore. » Ainsi Épictète évoque le changement, glissement d'un état certain à un état vierge qui se dessine au fil des pas que l'on fait dans sa direction. Peut-être un jour vous préparerez-vous à cheminer vers d'autres horizons et à quitter votre foyer actuel pour en construire un nouveau. Comme un passage de relai, la période de transition offre un espace pour faire le lien entre un déménagement et un emménagement. Si vous avez des enfants, je vous invite à les impliquer dans ce processus en leur proposant de faire leurs cartons, en les accompagnant pour décider quels objets ils veulent conserver ou, au contraire, pour choisir desquels ils souhaitent se séparer. La transition sera ainsi plus fluide et douce pour eux. Grâce aux outils de purification que vous avez découverts, réalisez un nettoyage afin d'offrir au foyer un dernier soin et de le préparer pour les prochains habitants.

Acceptez la venue d'émotions parfois paradoxales, où la joie de se projeter dans un lieu à venir se mêle à la tristesse de laisser derrière soi un refuge auquel sont attachés des souvenirs. Prenez le temps de vivre ce qui se présente : être hâtif reviendrait à brûler des étapes importantes dans la transformation qui se vit là. Une fois que les lieux sont vides, vous pouvez organiser un rituel d'adieu à votre ancien cocon afin de lui témoigner votre gratitude pour sa protection, son soutien, et pour lui partager ce qu'il vous reste sur le cœur si vous en avez besoin. Je crois que la simplicité est de mise pour cette occasion. Vous pouvez allumer une bougie et apporter une offrande pour l'esprit du lieu. Seul ou en famille, prenez un temps pour remercier et honorer ce qui a été vécu sous ce toit. Puis, quand vous sentez que c'est le bon moment pour vous, visualisez ce chapitre à venir de votre vie, en vous projetant dans votre futur foyer. Ici, nul vide ni abandon, tout n'est que continuité sous une forme originale qui ne demande qu'à être dessinée. Éteignez la bougie, quittez le lieu, faites-lui face pour le saluer de l'extérieur et retournez-vous pour faire un pas en avant, en conscience. Vous voilà en marche vers de nouvelles aventures magiques !

CONCLUSION

Prendre soin de son espace sacré intérieur et extérieur, de son foyer et de ses proches, vivre en symbiose avec l'environnement en se connectant aux forces de la nature est un cadeau puissant à s'offrir. Regarder en soi-même cinq minutes par jour ouvre la voie vers des plans de conscience plus élevés où notre essence et notre conscience peuvent se déployer pleinement. Je vous invite à continuer d'envelopper votre royaume de magie, à veiller sur ce qui vous est cher, à le choyer et à vous libérer de ce qui vous tire en arrière pour avancer sans entrave dans votre évolution. Développez ce qui vous fait vibrer, écoutez les messages subtils de l'univers, nourrissez votre confiance et votre foi en la vie, et chaque jour votre quotidien se teintera d'harmonie et de sérénité. Vous avez tous les outils en main pour transmuter les blocages et surfer sur les fréquences qui sont favorables à votre bien-être. Sachez apprécier la générosité et le soutien de votre foyer, célébrez chaque jour la gratitude et ouvrez votre cœur aux vibrations de guérison. Grâce aux habitudes bénéfiques, à vos choix éclairés, à une hygiène physique et énergétique adaptée à votre être et à vos pratiques spirituelles, vous êtes prêt à créer une existence sur mesure où la magie occupe une place d'honneur.

REMERCIEMENTS

Je remercie Marion Vergnolle et Coline Meret d'avoir initié ce projet, Marion Lepage de m'avoir mise sur la piste d'une chouette équipe éditoriale, Pauline Ferlay pour sa confiance et son travail. Mais aussi mon grand-père grâce à qui je me suis lancée dans cette aventure magique, ma famille pour son soutien indéfectible, Marlène pour son amitié si précieuse, Fanny et Judith pour leur joie inébranlable, Kevin pour sa présence et la richesse de nos échanges, mes instructeurs de krav maga, mes amis, tous ceux qui ont été à mes côtés pendant la rédaction, de près ou de loin, et les lecteurs avec qui je suis heureuse de partager aujourd'hui ce qui m'anime.

BIBLIOGRAPHIE

APREMONT Arnaud d', *B.A.-BA Tradition nordique*, Pardes, 1999.

BODIN Luc, *Nettoyage et protection énergétique des personnes et des lieux*, Guy Trédaniel, 2016.

BOSCHIERO Reynald Georges, *Dictionnaire de la lithothérapie*, Ambre, 2016.

BOUTBOUL Serge, *Comment réussir un bon nettoyage énergétique*, Exergue, 2018.

CALESTRÉMÉ Natacha, *La Clef de votre énergie*, Albin Michel, 2020.

DENIS Flora, *Rituels et bâtons de fumigation*, Secret d'étoiles, 2022.

FARGEOT Denis et Véronique, *La Pratique du yoga du son*, Courrier du livre, 2015.

FESTY Danièle, *Ma Bible des huiles essentielles*, Leduc S., 2016.

FREEMAN Mara, *Vivre la tradition celtique au fil des saisons*, Vega, 2014.

GEETERE Rebecca de, *Rituels de protection*, Secret d'étoiles, 2021.

GREENLEAF Cerridwen, *Mes Petits Rituels de sorcière*, Larousse, 2020.

GUÉRIN Patrick, *Prières & rituels de protection de la maison*, Bussière, 2021.

HENDERSON Raechel, *La Magie Domestique avec Hestia*, Danae, 2022.

KANE Aurora, *Protégez votre foyer par la magie*, Tchou, 2021.

KONDO Marie, *La Magie du rangement*, Pocket, 2016.

LA MAYA Jacques, *La Médecine de l'habitat*, J'ai Lu, 2008.

LAKHOVSKY Georges, *La Terre et nous*, Energeia, 2013.

LAPORTE Florence, *Les Plantes des druides*, Rustica, 2017.

LECOURT Bruno, *Le Grand Livre du feng shui*, Leduc S., 2016.

LIPNICK Yann, *Les Esprits de la nature*, Oviloroi, 2007.

MARTINO Regina, *La Voie des pierres et des cristaux*, Ambre, 2017.

PRAT Georges, *Précis cartésien de géobiologie*, Arkhana Vox, 2007.

RHIYOURHI Lila, *Nettoyez votre énergie*, Leduc S., 2019.

ROBBINS Anthony, *Pouvoir illimité*, J'ai Lu, 2008.

RUIZ Miguel, *Les Quatre Accords toltèques*, Jouvence, 2016.

SILVA José, *La Méthode Silvai*, Sum Le Hameau, 2003.

THULY Arnaud, *Plantes et Encens de Purification*, Alliance Magique, 2017.

TREBEN Maria, *La Santé à la Pharmacie du Bon Dieu*, Ennsthaler, 2007.

WIDMER Aurore, *Mon Cahier lune*, Solar, 2018.

ZEALAND Vadim, *Transurfing I, II, III, IV, V*, Exergue et Pierre d'Angle, 2010, 2011, 2012, 2013, 2014.

https://chin-mudra.yoga

À PROPOS DE L'AUTEUR

Fille d'agriculteurs, j'ai grandi au cœur d'une nature préservée, entourée de dolmens. Après plusieurs années comme responsable éditoriale dans l'édition jeunesse, ma soif de liberté, d'indépendance et ma pratique du krav maga, m'ouvrent une nouvelle voie : je m'installe en tant qu'éditrice et rédactrice freelance. Passionnée par les traditions celtiques et nordiques, je parcours l'Irlande, la Scandinavie, et pars vivre 6 mois en terre Sápmi avec une famille d'éleveurs de rennes.

Au fil des rencontres et des synchronicités, je me forme aux constellations familiales et aux soins énergétiques; je propose aujourd'hui des séances en individuel et en groupe dans toute la France. Ma pratique s'inscrit dans une approche holistique : physique, émotionnelle, mentale et énergétique. J'ai à cœur de vous accompagner avec respect, humilité et non-jugement, sur votre chemin de guérison.

Je suis également auteur du livre jeunesse *Mon livre des pourquoi*, comment et autres questions, aux Éditions Grenouille.

Voici mon site Internet : https://www.lucie-pouget.fr/